사도신경

The Apostles' Creed

전능하사 천지를 만드신 하나님 아버지를 내가 믿사오며,
그 외아들 우리 주 예수 그리스도를 믿사오니,
이는 성령으로 잉태하사 동정녀 마리아에게 나시고,
'본디오 빌라도'에게 고난을 받으사,
십자가에 못박혀 죽으시고,
장사한 지 사흘 만에 죽은 자 가운데서 다시 살아나시며,
하늘에 오르사, 전능하신 하나님 우편에 앉아 계시다가,
저리로서 산 자와 죽은 자를 심판하러 오시리라.
성령을 믿사오며, 거룩한 교회와,
성도가 서로 교통하는 것과,
죄를 사하여 주시는 것과, 몸이 다시 사는 것과,
영원히 사는 것을 믿사옵나이다.
아멘.

손끝에서 피어나는
찬양과 고백

시편

따라쓰기 ②

Hand Copying Scriptures

손끝에서 피어나는

찬양과 고백

시편

따라쓰기 ②

Hand Copying Scriptures

개역개정

시작한 날 . . .

마 친 날 . . .

따라 쓴 이

요단

JORDAN PRESS

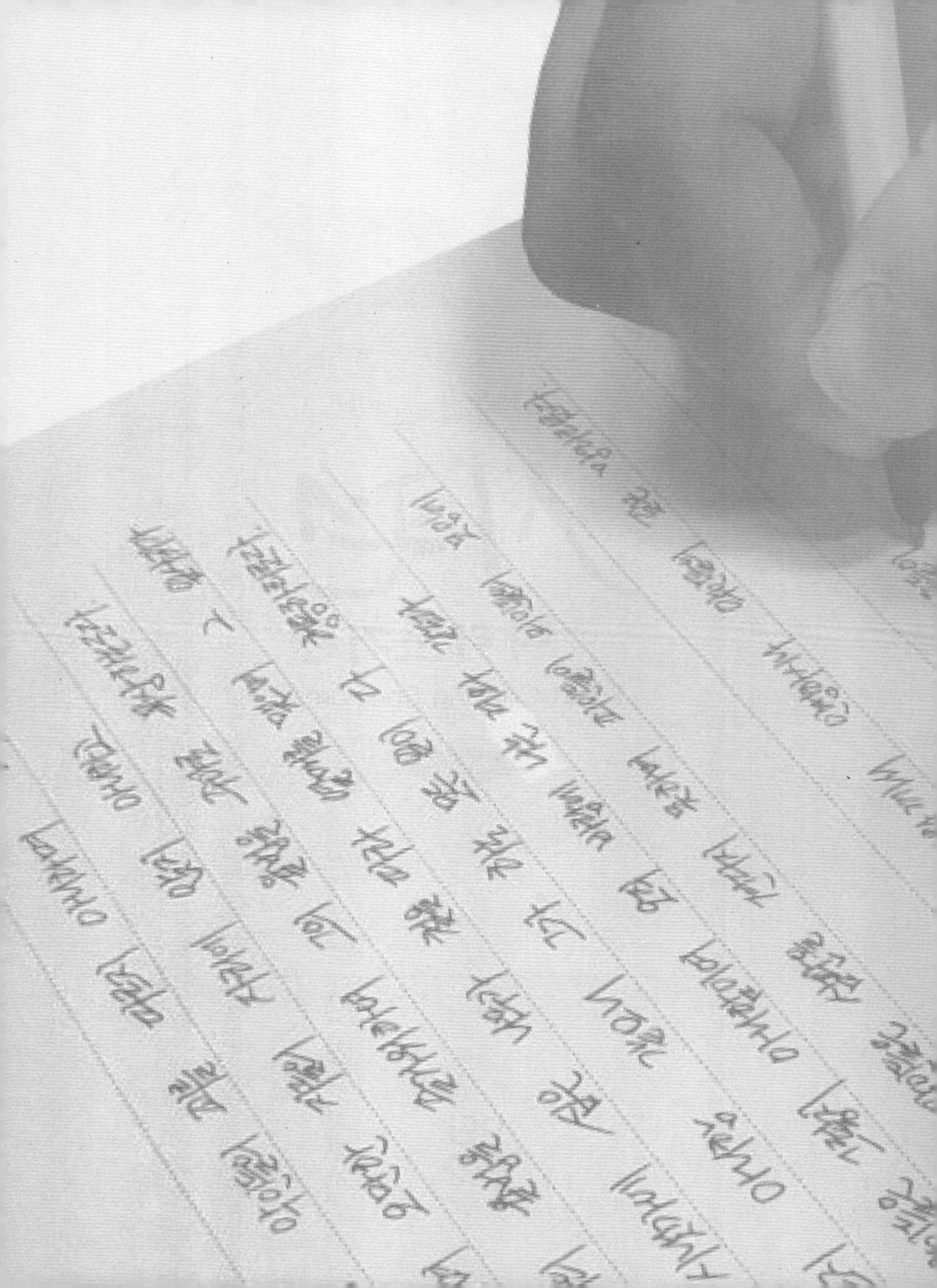

시편

3권

예배와 성소

시편 73-89편

손끝에서 피어나는
찬양과 고백
시편
따라쓰기

3권 예배와 성소

시편 73-89편

73편

아삽의 시

1 하나님이 참으로 이스라엘 중 마음이 정결한 자에게 선을 행하시나
2 나는 거의 넘어질 뻔하였고 나의 걸음이 미끄러질 뻔하였으니
3 이는 내가 악인의 형통함을 보고 오만한 자를 질투하였음이로다
4 그들은 죽을 때에도 고통이 없고 그 힘이 강건하며
5 사람들이 당하는 고난이 그들에게는 없고 사람들이 당하는 재앙도
그들에게는 없나니
6 그러므로 교만이 그들의 목걸이요 강포가 그들의 옷이며
7 살찜으로 그들의 눈이 솟아나며 그들의 소득은 마음의 소원보다 많
으며
8 그들은 능욕하며 악하게 말하며 높은 데서 거만하게 말하며
9 그들의 입은 하늘에 두고 그들의 혀는 땅에 두루 다니도다
10 그러므로 그의 백성이 이리로 돌아와서 잔에 가득한 물을 다 마시며
11 말하기를 하나님이 어찌 알랴 지존자에게 지식이 있으랴 하는도다
12 볼지어다 이들은 악인들이라도 항상 평안하고 재물은 더욱 불어나도다
13 내가 내 마음을 깨끗하게 하며 내 손을 씻어 무죄하다 한 것이 실로
헛되도다

[73편] 아삽의 시

1

2

3

4

5

6

7

8

9

10

11

12

13

3권 예배와 성소

시편 73-89편

73편

14 나는 종일 재난을 당하며 아침마다 징벌을 받았도다
15 내가 만일 스스로 이르기를 내가 그들처럼 말하리라 하였더라면 나
는 주의 아들들의 세대에 대하여 악행을 행하였으리이다
16 내가 어쩌면 이를 알까 하여 생각한즉 그것이 내게 심한 고통이 되었
더니
17 하나님의 성소에 들어갈 때에야 그들의 종말을 내가 깨달았나이다
18 주께서 참으로 그들을 미끄러운 곳에 두시며 파멸에 던지시니
19 그들이 어찌하여 그리 갑자기 황폐되었는가 놀랄 정도로 그들은 전
멸하였나이다
20 주여 사람이 깬 후에는 꿈을 무시함 같이 주께서 깨신 후에는 그들의
형상을 멸시하시리이다
21 내 마음이 산란하며 내 양심이 찔렸나이다
22 내가 이같이 우매 무지함으로 주 앞에 짐승이오나
23 내가 항상 주와 함께 하니 주께서 내 오른손을 붙드셨나이다
24 주의 교훈으로 나를 인도하시고 후에는 영광으로 나를 영접하시리니
25 하늘에서는 주 외에 누가 내게 있으리요 땅에서는 주 밖에 내가 사모
할 이 없나이다
26 내 육체와 마음은 쇠약하나 하나님은 내 마음의 반석이시요 영원한
분깃이시라

14

15

16

17

18

19

20

21

22

23

24

25

26

3권 예배와 성소

시편 73-89편

73편

27 무릇 주를 멀리하는 자는 망하리니 음녀 같이 주를 떠난 자를 주께
서 다 멸하셨나이다
28 하나님께 가까이 함이 내게 복이라 내가 주 여호와를 나의 피난처로
삼아 주의 모든 행적을 전파하리이다

74편

아삽의 마스길

1 하나님이여 주께서 어찌하여 우리를 영원히 버리시나이까 어찌하여
주께서 기르시는 양을 향하여 진노의 연기를 뿜으시나이까
2 옛적부터 얻으시고 속량하사 주의 기업의 지파로 삼으신 주의 회중
을 기억하시며 주께서 계시던 시온 산도 생각하소서
3 영구히 파멸된 곳을 향하여 주의 발을 옮겨 놓으소서 원수가 성소에
서 모든 악을 행하였나이다
4 주의 대적이 주의 회중 가운데에서 떠들며 자기들의 깃발을 세워 표
적으로 삼았으니
5 그들은 마치 도끼를 들어 삼림을 베는 사람 같으니이다
6 이제 그들이 도끼와 철퇴로 성소의 모든 조각품을 쳐서 부수고
7 주의 성소를 불사르며 주의 이름이 계신 곳을 더럽혀 땅에 엎었나이다
8 그들이 마음속으로 이르기를 우리가 그들을 진멸하자 하고 이 땅에
있는 하나님의 모든 회당을 불살랐나이다
9 우리의 표적은 보이지 아니하며 선지자도 더 이상 없으며 이런 일이
얼마나 오랠는지 우리 중에 아는 자도 없나이다

27

28

[74편] 아삽의 마스길

1

2

3

4

5

6

7

8

9

74편

10 하나님이여 대적이 언제까지 비방하겠으며 원수가 주의 이름을 영원
히 능욕하리이까
11 주께서 어찌하여 주의 손 곧 주의 오른손을 거두시나이까 주의 품에
서 손을 빼내시어 그들을 멸하소서
12 하나님은 예로부터 나의 왕이시라 사람에게 구원을 베푸셨나이다
13 주께서 주의 능력으로 바다를 나누시고 물 가운데 용들의 머리를 깨
뜨리셨으며
14 리워야단의 머리를 부수시고 그것을 사막에 사는 자에게 음식물로
주셨으며
15 주께서 바위를 쪼개어 큰 물을 내시며 주께서 늘 흐르는 강들을 마
르게 하셨나이다
16 낮도 주의 것이요 밤도 주의 것이라 주께서 빛과 해를 마련하셨으며
17 주께서 땅의 경계를 정하시며 주께서 여름과 겨울을 만드셨나이다
18 여호와여 이것을 기억하소서 원수가 주를 비방하며 우매한 백성이
주의 이름을 능욕하였나이다
19 주의 멧비둘기의 생명을 들짐승에게 주지 마시며 주의 가난한 자의
목숨을 영원히 잊지 마소서
20 그 언약을 눈여겨 보소서 무릇 땅의 어두운 곳에 포악한 자의 처소
가 가득하나이다
21 학대 받은 자가 부끄러이 돌아가게 하지 마시고 가난한 자와 궁핍한
자가 주의 이름을 찬송하게 하소서

10

11

12

13

14

15

16

17

18

19

20

21

74편

22 하나님이여 일어나 주의 원통함을 푸시고 우매한 자가 종일 주를 비
방하는 것을 기억하소서
23 주의 대적들의 소리를 잊지 마소서 일어나 주께 항거하는 자의 떠드
는 소리가 항상 주께 상달되나이다

75편

아삽의 시, 인도자를 따라 알다스헷에 맞춘 노래

1 하나님이여 우리가 주께 감사하고 감사함은 주의 이름이 가까움이라
사람들이 주의 기이한 일들을 전파하나이다
2 주의 말씀이 내가 정한 기약이 이르면 내가 바르게 심판하리니
3 땅의 기둥은 내가 세웠거니와 땅과 그 모든 주민이 소멸되리라 하시
도다(셀라)
4 내가 오만한 자들에게 오만하게 행하지 말라 하며 악인들에게 뿔을
들지 말라 하였노니
5 너희 뿔을 높이 들지 말며 교만한 목으로 말하지 말지어다
6 무릇 높이는 일이 동쪽에서나 서쪽에서 말미암지 아니하며 남쪽에서
도 말미암지 아니하고
7 오직 재판장이신 하나님이 이를 낮추시고 저를 높이시느니라
8 여호와의 손에 잔이 있어 술 거품이 일어나는도다 속에 섞은 것이 가
득한 그 잔을 하나님이 쏟아 내시나니 실로 그 찌꺼기까지도 땅의 모
든 악인이 기울여 마시리로다
9 나는 야곱의 하나님을 영원히 선포하며 찬양하며
10 또 악인들의 뿔을 다 베고 의인의 뿔은 높이 들리로다

22

23

[75편] 아삽의 시, 인도자를 따라 알다스헷에 맞춘 노래

1

2

3

4

5

6

7

8

9

10

76편

아삽의 시, 인도자를 따라 현악에 맞춘 노래

1 하나님은 유다에 알려지셨으며 그의 이름이 이스라엘에 알려지셨도다
2 그의 장막은 살렘에 있음이여 그의 처소는 시온에 있도다
3 거기에서 그가 화살과 방패와 칼과 전쟁을 없이하셨도다(셀라)
4 주는 약탈한 산에서 영화로우시며 존귀하시도다
5 마음이 강한 자도 가진 것을 빼앗기고 잠에 빠질 것이며 장사들도 모두 그들에게 도움을 줄 손을 만날 수 없도다
6 야곱의 하나님이여 주께서 꾸짖으시매 병거와 말이 다 깊이 잠들었나이다
7 주께서는 경외 받을 이시니 주께서 한 번 노하실 때에 누가 주의 목전에 서리이까
8 주께서 하늘에서 판결을 선포하시매 땅이 두려워 잠잠하였나니
9 곧 하나님이 땅의 모든 온유한 자를 구원하시려고 심판하러 일어나신 때에로다(셀라)
10 진실로 사람의 노여움은 주를 찬송하게 될 것이요 그 남은 노여움은 주께서 금하시리이다
11 너희는 여호와 너희 하나님께 서원하고 갚으라 사방에 있는 모든 사람도 마땅히 경외할 이에게 예물을 드릴지로다
12 그가 고관들의 기를 꺾으시리니 그는 세상의 왕들에게 두려움이시로다

[76편] 아삽의 시, 인도자를 따라 현악에 맞춘 노래

1

2

3

4

5

6

7

8

9

10

11

12

77편

아삽의 시, 인도자를 따라 여두둔의 법칙에 따라 부르는 노래

1 내가 내 음성으로 하나님께 부르짖으리니 내 음성으로 하나님께 부
르짖으면 내게 귀를 기울이시리로다
2 나의 환난 날에 내가 주를 찾았으며 밤에는 내 손을 들고 거두지 아
니하였나니 내 영혼이 위로 받기를 거절하였도다
3 내가 하나님을 기억하고 불안하여 근심하니 내 심령이 상하도다(셀라)
4 주께서 내가 눈을 붙이지 못하게 하시니 내가 괴로워 말할 수 없나이다
5 내가 옛날 곧 지나간 세월을 생각하였사오며
6 밤에 부른 노래를 내가 기억하여 내 심령으로, 내가 내 마음으로 간
구하기를
7 주께서 영원히 버리실까, 다시는 은혜를 베풀지 아니하실까,
8 그의 인자하심은 영원히 끝났는가, 그의 약속하심도 영구히 폐하였는가,
9 하나님이 그가 베푸실 은혜를 잊으셨는가, 노하심으로 그가 베푸실
긍휼을 그치셨는가 하였나이다(셀라)
10 또 내가 말하기를 이는 나의 잘못이라 지존자의 오른손의 해
11 곧 여호와의 일들을 기억하며 주께서 옛적에 행하신 기이한 일을 기
억하리이다
12 또 주의 모든 일을 작은 소리로 읊조리며 주의 행사를 낮은 소리로 되
뇌이리이다

[77편] 아삽의 시, 인도자를 따라 여두둔의 법칙에 따라 부르는 노래

1

2

3

4

5

6

7

8

9

10

11

12

77편

13 하나님이여 주의 도는 극히 거룩하시오니 하나님과 같이 위대하신 신
이 누구오니이까
14 주는 기이한 일을 행하신 하나님이시라 민족들 중에 주의 능력을 알
리시고
15 주의 팔로 주의 백성 곧 야곱과 요셉의 자손을 속량하셨나이다(셀라)
16 하나님이여 물들이 주를 보았나이다 물들이 주를 보고 두려워하며
깊음도 진동하였고
17 구름이 물을 쏟고 궁창이 소리를 내며 주의 화살도 날아갔나이다
18 회오리바람 중에 주의 우렛소리가 있으며 번개가 세계를 비추며 땅이
흔들리고 움직였나이다
19 주의 길이 바다에 있었고 주의 곧은 길이 큰 물에 있었으나 주의 발
자취를 알 수 없었나이다
20 주의 백성을 양 떼 같이 모세와 아론의 손으로 인도하셨나이다

78편

아삽의 마스길

1 내 백성이여, 내 율법을 들으며 내 입의 말에 귀를 기울일지어다
2 내가 입을 열어 비유로 말하며 예로부터 감추어졌던 것을 드러내려
하니
3 이는 우리가 들어서 아는 바요 우리의 조상들이 우리에게 전한 바라

13

14

15

16

17

18

19

20

[78편] 아삽의 마스길

1

2

3

78편

4 우리가 이를 그들의 자손에게 숨기지 아니하고 여호와의 영예와 그의
능력과 그가 행하신 기이한 사적을 후대에 전하리로다
5 여호와께서 증거를 야곱에게 세우시며 법도를 이스라엘에게 정하시
고 우리 조상들에게 명령하사 그들의 자손에게 알리라 하셨으니
6 이는 그들로 후대 곧 태어날 자손에게 이를 알게 하고 그들은 일어나
그들의 자손에게 일러서
7 그들로 그들의 소망을 하나님께 두며 하나님께서 행하신 일을 잊지
아니하고 오직 그의 계명을 지켜서
8 그들의 조상들 곧 완고하고 패역하여 그들의 마음이 정직하지 못하며
그 심령이 하나님께 충성하지 아니하는 세대와 같이 되지 아니하게
하려 하심이로다
9 에브라임 자손은 무기를 갖추며 활을 가졌으나 전쟁의 날에 물러갔
도다
10 그들이 하나님의 언약을 지키지 아니하고 그의 율법 준행을 거절하며
11 여호와께서 행하신 것과 그들에게 보이신 그의 기이한 일을 잊었도다
12 옛적에 하나님이 애굽 땅 소안 들에서 기이한 일을 그들의 조상들의
목전에서 행하셨으되
13 그가 바다를 갈라 물을 무더기 같이 서게 하시고 그들을 지나가게 하
셨으며
14 낮에는 구름으로, 밤에는 불빛으로 인도하셨으며

4

5

6

7

8

9

10

11

12

13

14

78편

15 광야에서 반석을 쪼개시고 매우 깊은 곳에서 나오는 물처럼 흡족하
게 마시게 하셨으며
16 또 바위에서 시내를 내사 물이 강 같이 흐르게 하셨으나
17 그들은 계속해서 하나님께 범죄하여 메마른 땅에서 지존자를 배반
하였도다
18 그들이 그들의 탐욕대로 음식을 구하여 그들의 심중에 하나님을 시
험하였으며
19 그뿐 아니라 하나님을 대적하여 말하기를 하나님이 광야에서 식탁을
베푸실 수 있으랴
20 보라 그가 반석을 쳐서 물을 내시니 시내가 넘쳤으나 그가 능히 떡도
주시며 자기 백성을 위하여 고기도 예비하시랴 하였도다
21 그러므로 여호와께서 듣고 노하셨으며 야곱에게 불 같이 노하셨고
또한 이스라엘에게 진노가 불타 올랐으니
22 이는 하나님을 믿지 아니하며 그의 구원을 의지하지 아니한 때문이로다
23 그러나 그가 위의 궁창을 명령하시며 하늘 문을 여시고
24 그들에게 만나를 비 같이 내려 먹이시며 하늘 양식을 그들에게 주셨
나니
25 사람이 힘센 자의 떡을 먹었으며 그가 음식을 그들에게 충족히 주셨
도다
26 그가 동풍을 하늘에서 일게 하시며 그의 권능으로 남풍을 인도하시고

15

16

17

18

19

20

21

22

23

24

25

26

78편

27 먼지처럼 많은 고기를 비 같이 내리시고 나는 새를 바다의 모래 같이
내리셨도다
28 그가 그것들을 그들의 진중에 떨어지게 하사 그들의 거처에 두르셨
으므로
29 그들이 먹고 심히 배불렀나니 하나님이 그들의 원대로 그들에게 주
셨도다
30 그러나 그들이 그들의 욕심을 버리지 아니하여 그들의 먹을 것이 아
직 그들의 입에 있을 때에
31 하나님이 그들에게 노염을 나타내사 그들 중 강한 자를 죽이시며 이
스라엘의 청년을 쳐 엎드러뜨리셨도다
32 이러함에도 그들은 여전히 범죄하여 그의 기이한 일들을 믿지 아니
하였으므로
33 하나님이 그들의 날들을 헛되이 보내게 하시며 그들의 햇수를 두려움
으로 보내게 하셨도다
34 하나님이 그들을 죽이실 때에 그들이 그에게 구하며 돌이켜 하나님
을 간절히 찾았고
35 하나님이 그들의 반석이시며 지존하신 하나님이 그들의 구속자이심
을 기억하였도다
36 그러나 그들이 입으로 그에게 아첨하며 자기 혀로 그에게 거짓을 말
하였으니
37 이는 하나님께 향하는 그들의 마음이 정함이 없으며 그의 언약에 성
실하지 아니하였음이로다

27

28

29

30

31

32

33

34

35

36

37

78편

38 오직 하나님은 긍휼하시므로 죄악을 덮어 주시어 멸망시키지 아니하
시고 그의 진노를 여러 번 돌이키시며 그의 모든 분을 다 쏟아 내지
아니하셨으니
39 그들은 육체이며 가고 다시 돌아오지 못하는 바람임을 기억하셨음이라
40 그들이 광야에서 그에게 반항하며 사막에서 그를 슬프시게 함이 몇
번인가
41 그들이 돌이켜 하나님을 거듭거듭 시험하며 이스라엘의 거룩하신 이
를 노엽게 하였도다
42 그들이 그의 권능의 손을 기억하지 아니하며 대적에게서 그들을 구
원하신 날도 기억하지 아니하였도다
43 그 때에 하나님이 애굽에서 그의 표적들을, 소안 들에서 그의 징조들
을 나타내사
44 그들의 강과 시내를 피로 변하여 그들로 마실 수 없게 하시며
45 쇠파리 떼를 그들에게 보내어 그들을 물게 하시고 개구리를 보내어
해하게 하셨으며
46 그들의 토산물을 황충에게 주셨고 그들이 수고한 것을 메뚜기에게
주셨으며
47 그들의 포도나무를 우박으로, 그들의 뽕나무를 서리로 죽이셨으며
48 그들의 가축을 우박에, 그들의 양 떼를 번갯불에 넘기셨으며
49 그의 맹렬한 노여움과 진노와 분노와 고난 곧 재앙의 천사들을 그들
에게 내려보내셨으며

38

39

40

41

42

43

44

45

46

47

48

49

78편

50 그는 진노로 길을 닦으사 그들의 목숨이 죽음을 면하지 못하게 하시
고 그들의 생명을 전염병에 붙이셨으며
51 애굽에서 모든 장자 곧 함의 장막에 있는 그들의 기력의 처음 것을 치
셨으나
52 그가 자기 백성은 양 같이 인도하여 내시고 광야에서 양 떼 같이 지도
하셨도다
53 그들을 안전히 인도하시니 그들은 두려움이 없었으나 그들의 원수는
바다에 빠졌도다
54 그들을 그의 성소의 영역 곧 그의 오른손으로 만드신 산으로 인도하
시고
55 또 나라를 그들의 앞에서 쫓아내시며 줄을 쳐서 그들의 소유를 분배
하시고 이스라엘의 지파들이 그들의 장막에 살게 하셨도다
56 그러나 그들은 지존하신 하나님을 시험하고 반항하여 그의 명령을
지키지 아니하며
57 그들의 조상들 같이 배반하고 거짓을 행하여 속이는 활 같이 빗나가서
58 자기 산당들로 그의 노여움을 일으키며 그들의 조각한 우상들로 그
를 진노하게 하였으매
59 하나님이 들으시고 분내어 이스라엘을 크게 미워하사
60 사람 가운데 세우신 장막 곧 실로의 성막을 떠나시고
61 그가 그의 능력을 포로에게 넘겨 주시며 그의 영광을 대적의 손에 붙
이시고

50

51

52

53

54

55

56

57

58

59

60

61

78편

62 그가 그의 소유 때문에 분내사 그의 백성을 칼에 넘기셨으니
63 그들의 청년은 불에 살라지고 그들의 처녀들은 혼인 노래를 들을 수
없었으며
64 그들의 제사장들은 칼에 엎드러지고 그들의 과부들은 애곡도 하지
못하였도다
65 그 때에 주께서 잠에서 깨어난 것처럼, 포도주를 마시고 고함치는 용
사처럼 일어나사
66 그의 대적들을 쳐 물리쳐서 영원히 그들에게 욕되게 하셨도다
67 또 요셉의 장막을 버리시며 에브라임 지파를 택하지 아니하시고
68 오직 유다 지파와 그가 사랑하시는 시온 산을 택하시며
69 그의 성소를 산의 높음 같이, 영원히 두신 땅 같이 지으셨도다
70 또 그의 종 다윗을 택하시되 양의 우리에서 취하시며
71 젖 양을 지키는 중에서 그들을 이끌어 내사 그의 백성인 야곱, 그의
소유인 이스라엘을 기르게 하셨더니
72 이에 그가 그들을 자기 마음의 완전함으로 기르고 그의 손의 능숙함
으로 그들을 지도하였도다

79편

아삽의 시

1 하나님이여 이방 나라들이 주의 기업의 땅에 들어와서 주의 성전을
더럽히고 예루살렘이 돌무더기가 되게 하였나이다
2 그들이 주의 종들의 시체를 공중의 새에게 밥으로, 주의 성도들의 육
체를 땅의 짐승에게 주며

62

63

64

65

66

67

68

69

70

71

72

[79편] 아삽의 시

1

2

79편

3 그들의 피를 예루살렘 사방에 물 같이 흘렸으나 그들을 매장하는 자
가 없었나이다
4 우리는 우리 이웃에게 비방 거리가 되며 우리를 에워싼 자에게 조소
와 조롱 거리가 되었나이다
5 여호와여 어느 때까지니이까 영원히 노하시리이까 주의 질투가 불붙
듯 하시리이까
6 주를 알지 아니하는 민족들과 주의 이름을 부르지 아니하는 나라들
에게 주의 노를 쏟으소서
7 그들이 야곱을 삼키고 그의 거처를 황폐하게 함이니이다
8 우리 조상들의 죄악을 기억하지 마시고 주의 긍휼로 우리를 속히 영
접하소서 우리가 매우 가련하게 되었나이다
9 우리 구원의 하나님이여 주의 이름의 영광스러운 행사를 위하여 우리
를 도우시며 주의 이름을 증거하기 위하여 우리를 건지시며 우리 죄
를 사하소서
10 이방 나라들이 어찌하여 그들의 하나님이 어디 있느냐 말하나이까
주의 종들이 피 흘림에 대한 복수를 우리의 목전에서 이방 나라에게
보여 주소서
11 갇힌 자의 탄식을 주의 앞에 이르게 하시며 죽이기로 정해진 자도 주
의 크신 능력을 따라 보존하소서
12 주여 우리 이웃이 주를 비방한 그 비방을 그들의 품에 칠 배나 갚으소서
13 우리는 주의 백성이요 주의 목장의 양이니 우리는 영원히 주께 감사
하며 주의 영예를 대대에 전하리이다

따라 쓴 날 . .

3

4

5

6

7
8

9

10

11

12
13

80편

아삽의 시, 인도자를 따라 소산님에둣에 맞춘 노래

1 요셉을 양 떼 같이 인도하시는 이스라엘의 목자여 귀를 기울이소서 그룹 사이에 좌정하신 이여 빛을 비추소서

2 에브라임과 베냐민과 므낫세 앞에서 주의 능력을 나타내사 우리를 구원하러 오소서

3 하나님이여 우리를 돌이키시고 주의 얼굴빛을 비추사 우리가 구원을 얻게 하소서

4 만군의 하나님 여호와여 주의 백성의 기도에 대하여 어느 때까지 노하시리이까

5 주께서 그들에게 눈물의 양식을 먹이시며 많은 눈물을 마시게 하셨나이다

6 우리를 우리 이웃에게 다툼 거리가 되게 하시니 우리 원수들이 서로 비웃나이다

7 만군의 하나님이여 우리를 회복하여 주시고 주의 얼굴의 광채를 비추사 우리가 구원을 얻게 하소서

8 주께서 한 포도나무를 애굽에서 가져다가 민족들을 쫓아내시고 그것을 심으셨나이다

9 주께서 그 앞서 가꾸셨으므로 그 뿌리가 깊이 박혀서 땅에 가득하며

10 그 그늘이 산들을 가리고 그 가지는 하나님의 백향목 같으며

11 그 가지가 바다까지 뻗고 넝쿨이 강까지 미쳤거늘

12 주께서 어찌하여 그 담을 허시사 길을 지나가는 모든 이들이 그것을 따게 하셨나이까

[80편] 아삽의 시, 인도자를 따라 소산님에둣에 맞춘 노래

1

2

3

4

5

6

7

8

9

10

11

12

80편

13 숲 속의 멧돼지들이 상해하며 들짐승들이 먹나이다
14 만군의 하나님이여 구하옵나니 돌아오소서 하늘에서 굽어보시고 이
포도나무를 돌보소서
15 주의 오른손으로 심으신 줄기요 주를 위하여 힘있게 하신 가지니이다
16 그것이 불타고 베임을 당하며 주의 면책으로 말미암아 멸망하오니
17 주의 오른쪽에 있는 자 곧 주를 위하여 힘있게 하신 인자에게 주의
손을 얹으소서
18 그리하시면 우리가 주에게서 물러가지 아니하오리니 우리를 소생하
게 하소서 우리가 주의 이름을 부르리이다
19 만군의 하나님 여호와여 우리를 돌이켜 주시고 주의 얼굴의 광채를
우리에게 비추소서 우리가 구원을 얻으리이다

81편

아삽의 시, 인도자를 따라 깃딧에 맞춘 노래

1 우리의 능력이 되시는 하나님을 향하여 기쁘게 노래하며 야곱의 하
나님을 향하여 즐거이 소리칠지어다
2 시를 읊으며 소고를 치고 아름다운 수금에 비파를 아우를지어다
3 초하루와 보름과 우리의 명절에 나팔을 불지어다
4 이는 이스라엘의 율례요 야곱의 하나님의 규례로다
5 하나님이 애굽 땅을 치러 나아가시던 때에 요셉의 족속 중에 이를 증
거로 세우셨도다 거기서 내가 알지 못하던 말씀을 들었나니
6 이르시되 내가 그의 어깨에서 짐을 벗기고 그의 손에서 광주리를 놓
게 하였도다

13

14

15

16

17

18

19

[81편] 아삽의 시, 인도자를 따라 깃딧에 맞춘 노래

1

2

3

4

5

6

81편

7 네가 고난 중에 부르짖으매 내가 너를 건졌고 우렛소리의 은밀한 곳
에서 네게 응답하며 므리바 물 가에서 너를 시험하였도다(셀라)
8 내 백성이여 들으라 내가 네게 증언하리라 이스라엘이여 내게 듣기를
원하노라
9 너희 중에 다른 신을 두지 말며 이방 신에게 절하지 말지어다
10 나는 너를 애굽 땅에서 인도하여 낸 여호와 네 하나님이니 네 입을
크게 열라 내가 채우리라 하였으나
11 내 백성이 내 소리를 듣지 아니하며 이스라엘이 나를 원하지 아니하
였도다
12 그러므로 내가 그의 마음을 완악한 대로 버려 두어 그의 임의대로
행하게 하였도다
13 내 백성아 내 말을 들으라 이스라엘아 내 도를 따르라
14 그리하면 내가 속히 그들의 원수를 누르고 내 손을 돌려 그들의 대적
들을 치리니
15 여호와를 미워하는 자는 그에게 복종하는 체할지라도 그들의 시대
는 영원히 계속되리라
16 또 내가 기름진 밀을 그들에게 먹이며 반석에서 나오는 꿀로 너를 만
족하게 하리라 하셨도다

82편

아삽의 시

1 하나님은 신들의 모임 가운데에 서시며 하나님은 그들 가운데에서 재
판하시느니라

7

8

9

10

11

12

13

14

15

16

[82편] 아삽의 시

1

82편

2 너희가 불공평한 판단을 하며 악인의 낯 보기를 언제까지 하려느냐
(셀라)
3 가난한 자와 고아를 위하여 판단하며 곤란한 자와 빈궁한 자에게 공
의를 베풀지며
4 가난한 자와 궁핍한 자를 구원하여 악인들의 손에서 건질지니라 하
시는도다
5 그들은 알지도 못하고 깨닫지도 못하여 흑암 중에 왕래하니 땅의 모
든 터가 흔들리도다
6 내가 말하기를 너희는 신들이며 다 지존자의 아들들이라 하였으나
7 그러나 너희는 사람처럼 죽으며 고관의 하나 같이 넘어지리로다
8 하나님이여 일어나사 세상을 심판하소서 모든 나라가 주의 소유이기
때문이니이다

83편

아삽의 시 곧 노래

1 하나님이여 침묵하지 마소서 하나님이여 잠잠하지 마시고 조용하지
마소서
2 무릇 주의 원수들이 떠들며 주를 미워하는 자들이 머리를 들었나이다
3 그들이 주의 백성을 치려 하여 간계를 꾀하며 주께서 숨기신 자를 치
려고 서로 의논하여
4 말하기를 가서 그들을 멸하여 다시 나라가 되지 못하게 하여 이스라
엘의 이름으로 다시는 기억되지 못하게 하자 하나이다

2

3

4

5

6

7

8

[83편] 아삽의 시 곧 노래

1

2

3

4

83편

5 그들이 한마음으로 의논하고 주를 대적하여 서로 동맹하니
6 곧 에돔의 장막과 이스마엘인과 모압과 하갈인이며
7 그발과 암몬과 아말렉이며 블레셋과 두로 사람이요
8 앗수르도 그들과 연합하여 롯 자손의 도움이 되었나이다(셀라)
9 주는 미디안인에게 행하신 것 같이, 기손 시내에서 시스라와 야빈에
게 행하신 것 같이 그들에게도 행하소서
10 그들은 엔돌에서 패망하여 땅에 거름이 되었나이다
11 그들의 귀인들이 오렙과 스엡 같게 하시며 그들의 모든 고관들은 세
바와 살문나와 같게 하소서
12 그들이 말하기를 우리가 하나님의 목장을 우리의 소유로 취하자 하
였나이다
13 나의 하나님이여 그들이 굴러가는 검불 같게 하시며 바람에 날리는
지푸라기 같게 하소서
14 삼림을 사르는 불과 산에 붙는 불길 같이
15 주의 광풍으로 그들을 쫓으시며 주의 폭풍으로 그들을 두렵게 하소서
16 여호와여 그들의 얼굴에 수치가 가득하게 하사 그들이 주의 이름을
찾게 하소서
17 그들로 수치를 당하여 영원히 놀라게 하시며 낭패와 멸망을 당하게
하사
18 여호와라 이름하신 주만 온 세계의 지존자로 알게 하소서

5

6

7

8

9

10

11

12

13

14

15

16

17

18

84편

고라 자손의 시, 인도자를 따라 깃딧에 맞춘 노래

1 만군의 여호와여 주의 장막이 어찌 그리 사랑스러운지요

2 내 영혼이 여호와의 궁정을 사모하여 쇠약함이여 내 마음과 육체가 살아 계시는 하나님께 부르짖나이다

3 나의 왕, 나의 하나님, 만군의 여호와여 주의 제단에서 참새도 제 집을 얻고 제비도 새끼 둘 보금자리를 얻었나이다

4 주의 집에 사는 자들은 복이 있나니 그들이 항상 주를 찬송하리이다 (셀라)

5 주께 힘을 얻고 그 마음에 시온의 대로가 있는 자는 복이 있나이다

6 그들이 눈물 골짜기로 지나갈 때에 그 곳에 많은 샘이 있을 것이며 이른 비가 복을 채워 주나이다

7 그들은 힘을 얻고 더 얻어 나아가 시온에서 하나님 앞에 각기 나타나리이다

8 만군의 하나님 여호와여 내 기도를 들으소서 야곱의 하나님이여 귀를 기울이소서(셀라)

9 우리 방패이신 하나님이여 주께서 기름 부으신 자의 얼굴을 살펴 보옵소서

10 주의 궁정에서의 한 날이 다른 곳에서의 천 날보다 나은즉 악인의 장막에 사는 것보다 내 하나님의 성전 문지기로 있는 것이 좋사오니

[84편] 고라 자손의 시, 인도자를 따라 깃딧에 맞춘 노래

1

2

3

4

5

6

7

8

9

10

84편

11 여호와 하나님은 해요 방패이시라 여호와께서 은혜와 영화를 주시며
정직하게 행하는 자에게 좋은 것을 아끼지 아니하실 것임이니이다
12 만군의 여호와여 주께 의지하는 자는 복이 있나이다

85편

고라 자손의 시, 인도자를 따라 부르는 노래

1 여호와여 주께서 주의 땅에 은혜를 베푸사 야곱의 포로 된 자들이
돌아오게 하셨으며
2 주의 백성의 죄악을 사하시고 그들의 모든 죄를 덮으셨나이다(셀라)
3 주의 모든 분노를 거두시며 주의 진노를 돌이키셨나이다
4 우리 구원의 하나님이여 우리를 돌이키시고 우리에게 향하신 주의 분
노를 거두소서
5 주께서 우리에게 영원히 노하시며 대대에 진노하시겠나이까
6 주께서 우리를 다시 살리사 주의 백성이 주를 기뻐하도록 하지 아니
하시겠나이까
7 여호와여 주의 인자하심을 우리에게 보이시며 주의 구원을 우리에게
주소서
8 내가 하나님 여호와께서 하실 말씀을 들으리니 무릇 그의 백성, 그의
성도들에게 화평을 말씀하실 것이라 그들은 다시 어리석은 데로 돌
아가지 말지로다
9 진실로 그의 구원이 그를 경외하는 자에게 가까우니 영광이 우리 땅
에 머무르리이다

11

12

[85편] 고라 자손의 시, 인도자를 따라 부르는 노래

1

2

3

4

5

6

7

8

9

85편

10 인애와 진리가 같이 만나고 의와 화평이 서로 입맞추었으며
11 진리는 땅에서 솟아나고 의는 하늘에서 굽어보도다
12 여호와께서 좋은 것을 주시리니 우리 땅이 그 산물을 내리로다
13 의가 주의 앞에 앞서 가며 주의 길을 닦으리로다

86편

다윗의 기도

1 여호와여 나는 가난하고 궁핍하오니 주의 귀를 기울여 내게 응답하소서
2 나는 경건하오니 내 영혼을 보존하소서 내 주 하나님이여 주를 의지하는 종을 구원하소서
3 주여 내게 은혜를 베푸소서 내가 종일 주께 부르짖나이다
4 주여 내 영혼이 주를 우러러보오니 주여 내 영혼을 기쁘게 하소서
5 주는 선하사 사죄하기를 즐거워하시며 주께 부르짖는 자에게 인자함이 후하심이니이다
6 여호와여 나의 기도에 귀를 기울이시고 내가 간구하는 소리를 들으소서
7 나의 환난 날에 내가 주께 부르짖으리니 주께서 내게 응답하시리이다
8 주여 신들 중에 주와 같은 자 없사오며 주의 행하심과 같은 일도 없나이다
9 주여 주께서 지으신 모든 민족이 와서 주의 앞에 경배하며 주의 이름에 영광을 돌리리이다

10

11

12

13

[86편] 다윗의 기도

1

2

3

4

5

6

7

8

9

86편

10 무릇 주는 위대하사 기이한 일들을 행하시오니 주만이 하나님이시니
이다
11 여호와여 주의 도를 내게 가르치소서 내가 주의 진리에 행하오리니
일심으로 주의 이름을 경외하게 하소서
12 주 나의 하나님이여 내가 전심으로 주를 찬송하고 영원토록 주의 이
름에 영광을 돌리오리니
13 이는 내게 향하신 주의 인자하심이 크사 내 영혼을 깊은 스올에서 건
지셨음이니이다
14 하나님이여 교만한 자들이 일어나 나를 치고 포악한 자의 무리가 내
영혼을 찾았사오며 자기 앞에 주를 두지 아니하였나이다
15 그러나 주여 주는 긍휼히 여기시며 은혜를 베푸시며 노하기를 더디하
시며 인자와 진실이 풍성하신 하나님이시오니
16 내게로 돌이키사 내게 은혜를 베푸소서 주의 종에게 힘을 주시고 주
의 여종의 아들을 구원하소서
17 은총의 표적을 내게 보이소서 그러면 나를 미워하는 그들이 보고 부
끄러워하오리니 여호와여 주는 나를 돕고 위로하시는 이시니이다

87편

고라 자손의 시 곧 노래

1 그의 터전이 성산에 있음이여
2 여호와께서 야곱의 모든 거처보다 시온의 문들을 사랑하시는도다
3 하나님의 성이여 너를 가리켜 영광스럽다 말하는도다(셀라)

10

11

12

13

14

15

16

17

[87편] 고라 자손의 시 곧 노래

1

2

3

87편

4 나는 라합과 바벨론이 나를 아는 자 중에 있다 말하리라 보라 블레
셋과 두로와 구스여 이것들도 거기서 났다 하리로다
5 시온에 대하여 말하기를 이 사람, 저 사람이 거기서 났다고 말하리니
지존자가 친히 시온을 세우리라 하는도다
6 여호와께서 민족들을 등록하실 때에는 그 수를 세시며 이 사람이 거
기서 났다 하시리로다(셀라)
7 노래하는 자와 뛰어 노는 자들이 말하기를 나의 모든 근원이 네게 있
다 하리로다

88편

고라 자손의 찬송 시 곧 에스라인 헤만의 마스길, 인도자를 따라 마할랏
르안놋에 맞춘 노래

1 여호와 내 구원의 하나님이여 내가 주야로 주 앞에서 부르짖었사오니
2 나의 기도가 주 앞에 이르게 하시며 나의 부르짖음에 주의 귀를 기울
여 주소서
3 무릇 나의 영혼에는 재난이 가득하며 나의 생명은 스올에 가까웠사
오니
4 나는 무덤에 내려가는 자 같이 인정되고 힘없는 용사와 같으며
5 죽은 자 중에 던져진 바 되었으며 죽임을 당하여 무덤에 누운 자 같
으니이다 주께서 그들을 다시 기억하지 아니하시니 그들은 주의 손에
서 끊어진 자니이다
6 주께서 나를 깊은 웅덩이와 어둡고 음침한 곳에 두셨사오며

4

5

6

7

[88편] 고라 자손의 찬송 시 곧 에스라인 헤만의 마스길, 인도자를 따라
마할랏르안놋에 맞춘 노래

1

2

3

4

5

6

88편

7 주의 노가 나를 심히 누르시고 주의 모든 파도가 나를 괴롭게 하셨나
이다(셀라)
8 주께서 내가 아는 자를 내게서 멀리 떠나게 하시고 나를 그들에게 가
증한 것이 되게 하셨사오니 나는 갇혀서 나갈 수 없게 되었나이다
9 곤란으로 말미암아 내 눈이 쇠하였나이다 여호와여 내가 매일 주를
부르며 주를 향하여 나의 두 손을 들었나이다
10 주께서 죽은 자에게 기이한 일을 보이시겠나이까 유령들이 일어나 주
를 찬송하리이까(셀라)
11 주의 인자하심을 무덤에서, 주의 성실하심을 멸망 중에서 선포할 수
있으리이까
12 흑암 중에서 주의 기적과 잊음의 땅에서 주의 공의를 알 수 있으리이까
13 여호와여 오직 내가 주께 부르짖었사오니 아침에 나의 기도가 주의
앞에 이르리이다
14 여호와여 어찌하여 나의 영혼을 버리시며 어찌하여 주의 얼굴을 내
게서 숨기시나이까
15 내가 어릴 적부터 고난을 당하여 죽게 되었사오며 주께서 두렵게 하
실 때에 당황하였나이다
16 주의 진노가 내게 넘치고 주의 두려움이 나를 끊었나이다
17 이런 일이 물 같이 종일 나를 에우며 함께 나를 둘러쌌나이다
18 주는 내게서 사랑하는 자와 친구를 멀리 떠나게 하시며 내가 아는 자
를 흑암에 두셨나이다

7

8

9

10

11

12

13

14

15

16

17

18

3권 예배와 성소

시편 73-89편

89편

에스라인 에단의 마스길

1 내가 여호와의 인자하심을 영원히 노래하며 주의 성실하심을 내 입으
로 대대에 알게 하리이다
2 내가 말하기를 인자하심을 영원히 세우시며 주의 성실하심을 하늘에
서 견고히 하시리라 하였나이다
3 주께서 이르시되 나는 내가 택한 자와 언약을 맺으며 내 종 다윗에게
맹세하기를
4 내가 네 자손을 영원히 견고히 하며 네 왕위를 대대에 세우리라 하셨
나이다(셀라)
5 여호와여 주의 기이한 일을 하늘이 찬양할 것이요 주의 성실도 거룩
한 자들의 모임 가운데에서 찬양하리이다
6 무릇 구름 위에서 능히 여호와와 비교할 자 누구며 신들 중에서 여호
와와 같은 자 누구리이까
7 하나님은 거룩한 자의 모임 가운데에서 매우 무서워할 이시오며 둘러
있는 모든 자 위에 더욱 두려워할 이시니이다
8 여호와 만군의 하나님이여 주와 같이 능력 있는 이가 누구리이까 여
호와여 주의 성실하심이 주를 둘렀나이다
9 주께서 바다의 파도를 다스리시며 그 파도가 일어날 때에 잔잔하게
하시나이다
10 주께서 라합을 죽임 당한 자 같이 깨뜨리시고 주의 원수를 주의 능력
의 팔로 흩으셨나이다

[89편] 에스라인 에단의 마스길

1

2

3

4

5

6

7

8

9

10

89편

11 하늘이 주의 것이요 땅도 주의 것이라 세계와 그 중에 충만한 것을
주께서 건설하셨나이다
12 남북을 주께서 창조하셨으니 다볼과 헤르몬이 주의 이름으로 말미암
아 즐거워하나이다
13 주의 팔에 능력이 있사오며 주의 손은 강하고 주의 오른손은 높이 들
리우셨나이다
14 의와 공의가 주의 보좌의 기초라 인자함과 진실함이 주 앞에 있나이다
15 즐겁게 소리칠 줄 아는 백성은 복이 있나니 여호와여 그들이 주의 얼
굴 빛 안에서 다니리로다
16 그들은 종일 주의 이름 때문에 기뻐하며 주의 공의로 말미암아 높아
지오니
17 주는 그들의 힘의 영광이심이라 우리의 뿔이 주의 은총으로 높아지
오리니
18 우리의 방패는 여호와께 속하였고 우리의 왕은 이스라엘의 거룩한
이에게 속하였기 때문이니이다
19 그 때에 주께서 환상 중에 주의 성도들에게 말씀하여 이르시기를 내
가 능력 있는 용사에게는 돕는 힘을 더하며 백성 중에서 택함 받은
자를 높였으되
20 내가 내 종 다윗을 찾아내어 나의 거룩한 기름을 그에게 부었도다

11

12

13

14

15

16

17

18

19

20

89편

21 내 손이 그와 함께 하여 견고하게 하고 내 팔이 그를 힘이 있게 하리
로다
22 원수가 그에게서 강탈하지 못하며 악한 자가 그를 곤고하게 못하리로다
23 내가 그의 앞에서 그 대적들을 박멸하며 그를 미워하는 자들을 치려
니와
24 나의 성실함과 인자함이 그와 함께 하리니 내 이름으로 말미암아 그
의 뿔이 높아지리로다
25 내가 또 그의 손을 바다 위에 놓으며 오른손을 강들 위에 놓으리니
26 그가 내게 부르기를 주는 나의 아버지시요 나의 하나님이시요 나의
구원의 바위시라 하리로다
27 내가 또 그를 장자로 삼고 세상 왕들에게 지존자가 되게 하며
28 그를 위하여 나의 인자함을 영원히 지키고 그와 맺은 나의 언약을 굳
게 세우며
29 또 그의 후손을 영구하게 하여 그의 왕위를 하늘의 날과 같게 하리로다
30 만일 그의 자손이 내 법을 버리며 내 규례대로 행하지 아니하며
31 내 율례를 깨뜨리며 내 계명을 지키지 아니하면
32 내가 회초리로 그들의 죄를 다스리며 채찍으로 그들의 죄악을 벌하리
로다

21

22

23

24

25

26

27
28

29

30
31

32

89편

33 그러나 나의 인자함을 그에게서 다 거두지는 아니하며 나의 성실함도
폐하지 아니하며
34 내 언약을 깨뜨리지 아니하고 내 입술에서 낸 것은 변하지 아니하리
로다
35 내가 나의 거룩함으로 한 번 맹세하였은즉 다윗에게 거짓말을 하지
아니할 것이라
36 그의 후손이 장구하고 그의 왕위는 해 같이 내 앞에 항상 있으며
37 또 궁창의 확실한 증인인 달 같이 영원히 견고하게 되리라 하셨도다
(셀라)
38 그러나 주께서 주의 기름 부음 받은 자에게 노하사 물리치셔서 버리
셨으며
39 주의 종의 언약을 미워하사 그의 관을 땅에 던져 욕되게 하셨으며
40 그의 모든 울타리를 파괴하시며 그 요새를 무너뜨리셨으므로
41 길로 지나가는 자들에게 다 탈취를 당하며 그의 이웃에게 욕을 당하
나이다
42 주께서 그의 대적들의 오른손을 높이시고 그들의 모든 원수들은 기
쁘게 하셨으나
43 그의 칼날은 둔하게 하사 그가 전장에서 더 이상 버티지 못하게 하셨
으며
44 그의 영광을 그치게 하시고 그의 왕위를 땅에 엎으셨으며

33

34

35

36

37

38

39

40

41

42

43

44

89편

45 그의 젊은 날들을 짧게 하시고 그를 수치로 덮으셨나이다(셀라)
46 여호와여 언제까지니이까 스스로 영원히 숨기시리이까 주의 노가 언
제까지 불붙듯 하시겠나이까
47 나의 때가 얼마나 짧은지 기억하소서 주께서 모든 사람을 어찌 그리
허무하게 창조하셨는지요
48 누가 살아서 죽음을 보지 아니하고 자기의 영혼을 스올의 권세에서
건지리이까(셀라)
49 주여 주의 성실하심으로 다윗에게 맹세하신 그 전의 인자하심이 어디
있나이까
50 주는 주의 종들이 받은 비방을 기억하소서 많은 민족의 비방이 내 품
에 있사오니
51 여호와여 이 비방은 주의 원수들이 주의 기름 부음 받은 자의 행동을
비방한 것이로소이다
52 여호와를 영원히 찬송할지어다 아멘 아멘

45

46

47

48

49

50

51

52

묵상 · 기도

시편

4권

인생 순례

시편 90-106편

손끝에서 피어나는 찬양과 고백

시편 따라쓰기

4권 인생 순례

시편 90-106편

90편

하나님의 사람 모세의 기도

1 주여 주는 대대에 우리의 거처가 되셨나이다
2 산이 생기기 전, 땅과 세계도 주께서 조성하시기 전 곧 영원부터 영원
까지 주는 하나님이시니이다
3 주께서 사람을 티끌로 돌아가게 하시고 말씀하시기를 너희 인생들은
돌아가라 하셨사오니
4 주의 목전에는 천 년이 지나간 어제 같으며 밤의 한 순간 같을 뿐임이
니이다
5 주께서 그들을 홍수처럼 쓸어가시나이다 그들은 잠깐 자는 것 같으
며 아침에 돋는 풀 같으니이다
6 풀은 아침에 꽃이 피어 자라다가 저녁에는 시들어 마르나이다
7 우리는 주의 노에 소멸되며 주의 분내심에 놀라나이다
8 주께서 우리의 죄악을 주의 앞에 놓으시며 우리의 은밀한 죄를 주의
얼굴 빛 가운데에 두셨사오니
9 우리의 모든 날이 주의 분노 중에 지나가며 우리의 평생이 순식간에
다하였나이다
10 우리의 연수가 칠십이요 강건하면 팔십이라도 그 연수의 자랑은 수고
와 슬픔뿐이요 신속히 가니 우리가 날아가나이다
11 누가 주의 노여움의 능력을 알며 누가 주의 진노의 두려움을 알리이까

[90편] 하나님의 사람 모세의 기도

1

2

3

4

5

6

7

8

9

10

11

4권 인생 순례

시편 90-106편

90편

12 우리에게 우리 날 계수함을 가르치사 지혜로운 마음을 얻게 하소서
13 여호와여 돌아오소서 언제까지니이까 주의 종들을 불쌍히 여기소서
14 아침에 주의 인자하심이 우리를 만족하게 하사 우리를 일생 동안 즐
겁고 기쁘게 하소서
15 우리를 괴롭게 하신 날수대로와 우리가 화를 당한 연수대로 우리를
기쁘게 하소서
16 주께서 행하신 일을 주의 종들에게 나타내시며 주의 영광을 그들의
자손에게 나타내소서
17 주 우리 하나님의 은총을 우리에게 내리게 하사 우리의 손이 행한 일
을 우리에게 견고하게 하소서 우리의 손이 행한 일을 견고하게 하소서

91편

1 지존자의 은밀한 곳에 거주하며 전능자의 그늘 아래에 사는 자여,
2 나는 여호와를 향하여 말하기를 그는 나의 피난처요 나의 요새요 내
가 의뢰하는 하나님이라 하리니
3 이는 그가 너를 새 사냥꾼의 올무에서와 심한 전염병에서 건지실 것
임이로다
4 그가 너를 그의 깃으로 덮으시리니 네가 그의 날개 아래에 피하리로
다 그의 진실함은 방패와 손 방패가 되시나니
5 너는 밤에 찾아오는 공포와 낮에 날아드는 화살과

12

13

14

15

16

17

[91편]

1

2

3

4

5

4권 인생 순례

시편 90-106편

91편

6 어두울 때 퍼지는 전염병과 밝을 때 닥쳐오는 재앙을 두려워하지 아
니하리로다
7 천 명이 네 왼쪽에서, 만 명이 네 오른쪽에서 엎드러지나 이 재앙이
네게 가까이 하지 못하리로다
8 오직 너는 똑똑히 보리니 악인들의 보응을 네가 보리로다
9 네가 말하기를 여호와는 나의 피난처시라 하고 지존자를 너의 거처
로 삼았으므로
10 화가 네게 미치지 못하며 재앙이 네 장막에 가까이 오지 못하리니
11 그가 너를 위하여 그의 천사들을 명령하사 네 모든 길에서 너를 지키
게 하심이라
12 그들이 그들의 손으로 너를 붙들어 발이 돌에 부딪히지 아니하게 하
리로다
13 네가 사자와 독사를 밟으며 젊은 사자와 뱀을 발로 누르리로다
14 하나님이 이르시되 그가 나를 사랑한즉 내가 그를 건지리라 그가 내
이름을 안즉 내가 그를 높이리라
15 그가 내게 간구하리니 내가 그에게 응답하리라 그들이 환난 당할 때
에 내가 그와 함께 하여 그를 건지고 영화롭게 하리라
16 내가 그를 장수하게 함으로 그를 만족하게 하며 나의 구원을 그에게
보이리라 하시도다

6

7

8

9

10

11

12

13

14

15

16

92편

안식일의 찬송 시

1-3 지존자여 십현금과 비파와 수금으로 여호와께 감사하며 주의 이름을
찬양하고 아침마다 주의 인자하심을 알리며 밤마다 주의 성실하심을
베풂이 좋으니이다
4 여호와여 주께서 행하신 일로 나를 기쁘게 하셨으니 주의 손이 행하
신 일로 말미암아 내가 높이 외치리이다
5 여호와여 주께서 행하신 일이 어찌 그리 크신지요 주의 생각이 매우
깊으시니이다
6 어리석은 자도 알지 못하며 무지한 자도 이를 깨닫지 못하나이다
7 악인들은 풀 같이 자라고 악을 행하는 자들은 다 흥왕할지라도 영원
히 멸망하리이다
8 여호와여 주는 영원토록 지존하시니이다
9 여호와여 주의 원수들은 패망하리이다 정녕 주의 원수들은 패망하
리니 죄악을 행하는 자들은 다 흩어지리이다
10 그러나 주께서 내 뿔을 들소의 뿔 같이 높이셨으며 내게 신선한 기름
을 부으셨나이다
11 내 원수들이 보응 받는 것을 내 눈으로 보며 일어나 나를 치는 행악
자들이 보응 받는 것을 내 귀로 들었도다
12 의인은 종려나무 같이 번성하며 레바논의 백향목 같이 성장하리로다
13 이는 여호와의 집에 심겼음이여 우리 하나님의 뜰 안에서 번성하리
로다

[92편] 안식일의 찬송 시

1-3

4

5

6

7

8

9

10

11

12

13

92편

14 그는 늙어도 여전히 결실하며 진액이 풍족하고 빛이 청청하니
15 여호와의 정직하심과 나의 바위 되심과 그에게는 불의가 없음이 선포
되리로다

93편

1 여호와께서 다스리시니 스스로 권위를 입으셨도다 여호와께서 능력
의 옷을 입으시며 띠를 띠셨으므로 세계도 견고히 서서 흔들리지 아
니하는도다
2 주의 보좌는 예로부터 견고히 섰으며 주는 영원부터 계셨나이다
3 여호와여 큰 물이 소리를 높였고 큰 물이 그 소리를 높였으니 큰 물
이 그 물결을 높이나이다
4 높이 계신 여호와의 능력은 많은 물 소리와 바다의 큰 파도보다 크니
이다
5 여호와여 주의 증거들이 매우 확실하고 거룩함이 주의 집에 합당하
니 여호와는 영원무궁하시리이다

94편

1 여호와여 복수하시는 하나님이여 복수하시는 하나님이여 빛을 비추
어 주소서
2 세계를 심판하시는 주여 일어나사 교만한 자들에게 마땅한 벌을 주
소서
3 여호와여 악인이 언제까지, 악인이 언제까지 개가를 부르리이까
4 그들이 마구 지껄이며 오만하게 떠들며 죄악을 행하는 자들이 다 자
만하나이다

14

15

[93편]

1

2

3

4

5

[94편]

1

2

3

4

94편

5 여호와여 그들이 주의 백성을 짓밟으며 주의 소유를 곤고하게 하며
6 과부와 나그네를 죽이며 고아들을 살해하며
7 말하기를 여호와가 보지 못하며 야곱의 하나님이 알아차리지 못하리
라 하나이다
8 백성 중의 어리석은 자들아 너희는 생각하라 무지한 자들아 너희가
언제나 지혜로울까
9 귀를 지으신 이가 듣지 아니하시랴 눈을 만드신 이가 보지 아니하시랴
10 뭇 백성을 징벌하시는 이 곧 지식으로 사람을 교훈하시는 이가 징벌
하지 아니하시랴
11 여호와께서는 사람의 생각이 허무함을 아시느니라
12 여호와여 주로부터 징벌을 받으며 주의 법으로 교훈하심을 받는 자
가 복이 있나니
13 이런 사람에게는 환난의 날을 피하게 하사 악인을 위하여 구덩이를
팔 때까지 평안을 주시리이다
14 여호와께서는 자기 백성을 버리지 아니하시며 자기의 소유를 외면하
지 아니하시리로다
15 심판이 의로 돌아가리니 마음이 정직한 자가 다 따르리로다
16 누가 나를 위하여 일어나서 행악자들을 치며 누가 나를 위하여 일어
나서 악행하는 자들을 칠까

5

6
7

8

9

10

11
12

13

14

15

16

94편

17 여호와께서 내게 도움이 되지 아니하셨더면 내 영혼이 벌써 침묵 속
에 잠겼으리로다
18 여호와여 나의 발이 미끄러진다고 말할 때에 주의 인자하심이 나를
붙드셨사오며
19 내 속에 근심이 많을 때에 주의 위안이 내 영혼을 즐겁게 하시나이다
20 율례를 빙자하고 재난을 꾸미는 악한 재판장이 어찌 주와 어울리리
이까
21 그들이 모여 의인의 영혼을 치려 하며 무죄한 자를 정죄하여 피를 흘
리려 하나
22 여호와는 나의 요새이시요 나의 하나님은 내가 피할 반석이시라
23 그들의 죄악을 그들에게로 되돌리시며 그들의 악으로 말미암아 그들
을 끊으시리니 여호와 우리 하나님이 그들을 끊으시리로다

95편

1 오라 우리가 여호와께 노래하며 우리의 구원의 반석을 향하여 즐거
이 외치자
2 우리가 감사함으로 그 앞에 나아가며 시를 지어 즐거이 그를 노래하자
3 여호와는 크신 하나님이시요 모든 신들보다 크신 왕이시기 때문이
로다
4 땅의 깊은 곳이 그의 손 안에 있으며 산들의 높은 곳도 그의 것이로다

17

18

19

20

21

22

23

[95편]

1

2

3

4

4권 인생 순례

시편 90-106편

95편

5 바다도 그의 것이라 그가 만드셨고 육지도 그의 손이 지으셨도다
6 오라 우리가 굽혀 경배하며 우리를 지으신 여호와 앞에 무릎을 꿇자
7 그는 우리의 하나님이시요 우리는 그가 기르시는 백성이며 그의 손이
돌보시는 양이기 때문이라 너희가 오늘 그의 음성을 듣거든
8 너희는 므리바에서와 같이 또 광야의 맛사에서 지냈던 날과 같이 너
희 마음을 완악하게 하지 말지어다
9 그 때에 너희 조상들이 내가 행한 일을 보고서도 나를 시험하고 조사
하였도다
10 내가 사십 년 동안 그 세대로 말미암아 근심하여 이르기를 그들은 마
음이 미혹된 백성이라 내 길을 알지 못한다 하였도다
11 그러므로 내가 노하여 맹세하기를 그들은 내 안식에 들어오지 못하
리라 하였도다

96편

1 새 노래로 여호와께 노래하라 온 땅이여 여호와께 노래할지어다
2 여호와께 노래하여 그의 이름을 송축하며 그의 구원을 날마다 전파
할지어다
3 그의 영광을 백성들 가운데에, 그의 기이한 행적을 만민 가운데에 선
포할지어다
4 여호와는 위대하시니 지극히 찬양할 것이요 모든 신들보다 경외할 것
임이여

5

6

7

8

9

10

11

[96편]

1

2

3

4

96편

5 만국의 모든 신들은 우상들이지만 여호와께서는 하늘을 지으셨음이
로다
6 존귀와 위엄이 그의 앞에 있으며 능력과 아름다움이 그의 성소에 있
도다
7 만국의 족속들아 영광과 권능을 여호와께 돌릴지어다 여호와께 돌릴
지어다
8 여호와의 이름에 합당한 영광을 그에게 돌릴지어다 예물을 들고 그
의 궁정에 들어갈지어다
9 아름답고 거룩한 것으로 여호와께 예배할지어다 온 땅이여 그 앞에
서 떨지어다
10 모든 나라 가운데서 이르기를 여호와께서 다스리시니 세계가 굳게 서
고 흔들리지 않으리라 그가 만민을 공평하게 심판하시리라 할지로다
11 하늘은 기뻐하고 땅은 즐거워하며 바다와 거기에 충만한 것이 외치고
12 밭과 그 가운데에 있는 모든 것은 즐거워할지로다 그 때 숲의 모든 나
무들이 여호와 앞에서 즐거이 노래하리니
13 그가 임하시되 땅을 심판하러 임하실 것임이라 그가 의로 세계를 심
판하시며 그의 진실하심으로 백성을 심판하시리로다

5

6

7

8

9

10

11

12

13

97편

1 여호와께서 다스리시나니 땅은 즐거워하며 허다한 섬은 기뻐할지어다
2 구름과 흑암이 그를 둘렀고 의와 공평이 그의 보좌의 기초로다
3 불이 그의 앞에서 나와 사방의 대적들을 불사르시는도다
4 그의 번개가 세계를 비추니 땅이 보고 떨었도다
5 산들이 여호와의 앞 곧 온 땅의 주 앞에서 밀랍 같이 녹았도다
6 하늘이 그의 의를 선포하니 모든 백성이 그의 영광을 보았도다
7 조각한 신상을 섬기며 허무한 것으로 자랑하는 자는 다 수치를 당할
것이라 너희 신들아 여호와께 경배할지어다
8 여호와여 시온이 주의 심판을 듣고 기뻐하며 유다의 딸들이 즐거워
하였나이다
9 여호와여 주는 온 땅 위에 지존하시고 모든 신들보다 위에 계시니이다
10 여호와를 사랑하는 너희여 악을 미워하라 그가 그의 성도의 영혼을
보전하사 악인의 손에서 건지시느니라
11 의인을 위하여 빛을 뿌리고 마음이 정직한 자를 위하여 기쁨을 뿌리
시는도다
12 의인이여 너희는 여호와로 말미암아 기뻐하며 그의 거룩한 이름에 감
사할지어다

[97편]

1

2

3

4

5

6

7

8

9

10

11

12

98편

시

1 새 노래로 여호와께 찬송하라 그는 기이한 일을 행하사 그의 오른손
과 거룩한 팔로 자기를 위하여 구원을 베푸셨음이로다
2 여호와께서 그의 구원을 알게 하시며 그의 공의를 뭇 나라의 목전에
서 명백히 나타내셨도다
3 그가 이스라엘의 집에 베푸신 인자와 성실을 기억하셨으므로 땅 끝
까지 이르는 모든 것이 우리 하나님의 구원을 보았도다
4 온 땅이여 여호와께 즐거이 소리칠지어다 소리 내어 즐겁게 노래하며
찬송할지어다
5 수금으로 여호와를 노래하라 수금과 음성으로 노래할지어다
6 나팔과 호각 소리로 왕이신 여호와 앞에 즐겁게 소리칠지어다
7 바다와 거기 충만한 것과 세계와 그 중에 거주하는 자는 다 외칠지어다
8 여호와 앞에서 큰 물은 박수할지어다 산악이 함께 즐겁게 노래할지
어다
9 그가 땅을 심판하러 임하실 것임이로다 그가 의로 세계를 판단하시
며 공평으로 그의 백성을 심판하시리로다

99편

1 여호와께서 다스리시니 만민이 떨 것이요 여호와께서 그룹 사이에 좌
정하시니 땅이 흔들릴 것이로다
2 시온에 계시는 여호와는 위대하시고 모든 민족보다 높으시도다
3 주의 크고 두려운 이름을 찬송할지니 그는 거룩하심이로다

[98편] 시

1

2

3

4

5

6

7

8

9

[99편]

1

2

3

99편

4 능력 있는 왕은 정의를 사랑하느니라 주께서 공의를 견고하게 세우시
고 주께서 야곱에게 정의와 공의를 행하시나이다
5 너희는 여호와 우리 하나님을 높여 그의 발등상 앞에서 경배할지어
다 그는 거룩하시도다
6 그의 제사장들 중에는 모세와 아론이 있고 그의 이름을 부르는 자들
중에는 사무엘이 있도다 그들이 여호와께 간구하매 응답하셨도다
7 여호와께서 구름 기둥 가운데서 그들에게 말씀하시니 그들은 그가
그들에게 주신 증거와 율례를 지켰도다
8 여호와 우리 하나님이여 주께서는 그들에게 응답하셨고 그들의 행한
대로 갚기는 하셨으나 그들을 용서하신 하나님이시니이다
9 너희는 여호와 우리 하나님을 높이고 그 성산에서 예배할지어다 여
호와 우리 하나님은 거룩하심이로다

100편

감사의 시

1 온 땅이여 여호와께 즐거운 찬송을 부를지어다
2 기쁨으로 여호와를 섬기며 노래하면서 그의 앞에 나아갈지어다
3 여호와가 우리 하나님이신 줄 너희는 알지어다 그는 우리를 지으신
이요 우리는 그의 것이니 그의 백성이요 그의 기르시는 양이로다
4 감사함으로 그의 문에 들어가며 찬송함으로 그의 궁정에 들어가서
그에게 감사하며 그의 이름을 송축할지어다
5 여호와는 선하시니 그의 인자하심이 영원하고 그의 성실하심이 대대
에 이르리로다

4

5

6

7

8

9

[100편] 감사의 시

1

2

3

4

5

101편

다윗의 시

1 내가 인자와 정의를 노래하겠나이다 여호와여 내가 주께 찬양하리
이다
2 내가 완전한 길을 주목하오리니 주께서 어느 때나 내게 임하시겠나이
까 내가 완전한 마음으로 내 집 안에서 행하리이다
3 나는 비천한 것을 내 눈 앞에 두지 아니할 것이요 배교자들의 행위를
내가 미워하오리니 나는 그 어느 것도 붙들지 아니하리이다
4 사악한 마음이 내게서 떠날 것이니 악한 일을 내가 알지 아니하리로다
5 자기의 이웃을 은근히 헐뜯는 자를 내가 멸할 것이요 눈이 높고 마음
이 교만한 자를 내가 용납하지 아니하리로다
6 내 눈이 이 땅의 충성된 자를 살펴 나와 함께 살게 하리니 완전한 길
에 행하는 자가 나를 따르리로다
7 거짓을 행하는 자는 내 집 안에 거주하지 못하며 거짓말하는 자는 내
목전에 서지 못하리로다
8 아침마다 내가 이 땅의 모든 악인을 멸하리니 악을 행하는 자는 여호
와의 성에서 다 끊어지리로다

102편

고난 당한 자가 마음이 상하여 그의 근심을 여호와 앞에 토로하는 기도

1 여호와여 내 기도를 들으시고 나의 부르짖음을 주께 상달하게 하
소서
2 나의 괴로운 날에 주의 얼굴을 내게서 숨기지 마소서 주의 귀를 내게
기울이사 내가 부르짖는 날에 속히 내게 응답하소서

[101편] 다윗의 시

1

2

3

4

5

6

7

8

[102편] 고난 당한 자가 마음이 상하여 그의 근심을 여호와 앞에 토로하는 기도

1

2

102편

3 내 날이 연기 같이 소멸하며 내 뼈가 숯 같이 탔음이니이다
4 내가 음식 먹기도 잊었으므로 내 마음이 풀 같이 시들고 말라 버렸사오며
5 나의 탄식 소리로 말미암아 나의 살이 뼈에 붙었나이다
6 나는 광야의 올빼미 같고 황폐한 곳의 부엉이 같이 되었사오며
7 내가 밤을 새우니 지붕 위의 외로운 참새 같으니이다
8 내 원수들이 종일 나를 비방하며 내게 대항하여 미칠 듯이 날뛰는 자들이 나를 가리켜 맹세하나이다
9 나는 재를 양식 같이 먹으며 나는 눈물 섞인 물을 마셨나이다
10 주의 분노와 진노로 말미암음이라 주께서 나를 들어서 던지셨나이다
11 내 날이 기울어지는 그림자 같고 내가 풀의 시들어짐 같으니이다
12 여호와여 주는 영원히 계시고 주에 대한 기억은 대대에 이르리이다
13 주께서 일어나사 시온을 긍휼히 여기시리니 지금은 그에게 은혜를 베푸실 때라 정한 기한이 다가옴이니이다
14 주의 종들이 시온의 돌들을 즐거워하며 그의 티끌도 은혜를 받나이다
15 이에 뭇 나라가 여호와의 이름을 경외하며 이 땅의 모든 왕들이 주의 영광을 경외하리니
16 여호와께서 시온을 건설하시고 그의 영광 중에 나타나셨음이라

3

4

5

6

7

8

9

10

11

12

13

14

15

16

102편

17 여호와께서 빈궁한 자의 기도를 돌아보시며 그들의 기도를 멸시하지
아니하셨도다
18 이 일이 장래 세대를 위하여 기록되리니 창조함을 받을 백성이 여호
와를 찬양하리로다
19 여호와께서 그의 높은 성소에서 굽어보시며 하늘에서 땅을 살펴 보
셨으니
20 이는 갇힌 자의 탄식을 들으시며 죽이기로 정한 자를 해방하사
21 여호와의 이름을 시온에서, 그 영예를 예루살렘에서 선포하게 하려
하심이라
22 그 때에 민족들과 나라들이 함께 모여 여호와를 섬기리로다
23 그가 내 힘을 중도에 쇠약하게 하시며 내 날을 짧게 하셨도다
24 나의 말이 나의 하나님이여 나의 중년에 나를 데려가지 마옵소서 주
의 연대는 대대에 무궁하니이다
25 주께서 옛적에 땅의 기초를 놓으셨사오며 하늘도 주의 손으로 지으
신 바니이다
26 천지는 없어지려니와 주는 영존하시겠고 그것들은 다 옷 같이 낡으리
니 의복 같이 바꾸시면 바뀌려니와
27 주는 한결같으시고 주의 연대는 무궁하리이다
28 주의 종들의 자손은 항상 안전히 거주하고 그의 후손은 주 앞에 굳
게 서리이다 하였도다

17

18

19

20

21

22

23

24

25

26

27

28

103편

다윗의 시

1 내 영혼아 여호와를 송축하라 내 속에 있는 것들아 다 그의 거룩한
이름을 송축하라
2 내 영혼아 여호와를 송축하며 그의 모든 은택을 잊지 말지어다
3 그가 네 모든 죄악을 사하시며 네 모든 병을 고치시며
4 네 생명을 파멸에서 속량하시고 인자와 긍휼로 관을 씌우시며
5 좋은 것으로 네 소원을 만족하게 하사 네 청춘을 독수리 같이 새롭게
하시는도다
6 여호와께서 공의로운 일을 행하시며 억압 당하는 모든 자를 위하여
심판하시는도다
7 그의 행위를 모세에게, 그의 행사를 이스라엘 자손에게 알리셨도다
8 여호와는 긍휼이 많으시고 은혜로우시며 노하기를 더디 하시고 인자
하심이 풍부하시도다
9 자주 경책하지 아니하시며 노를 영원히 품지 아니하시리로다
10 우리의 죄를 따라 우리를 처벌하지는 아니하시며 우리의 죄악을 따라
우리에게 그대로 갚지는 아니하셨으니
11 이는 하늘이 땅에서 높음 같이 그를 경외하는 자에게 그의 인자하심
이 크심이로다
12 동이 서에서 먼 것 같이 우리의 죄과를 우리에게서 멀리 옮기셨으며
13 아버지가 자식을 긍휼히 여김 같이 여호와께서는 자기를 경외하는
자를 긍휼히 여기시나니

[103편] 다윗의 시

1

2

3

4

5

6

7

8

9

10

11

12

13

103편

14 이는 그가 우리의 체질을 아시며 우리가 단지 먼지뿐임을 기억하심이
로다
15 인생은 그 날이 풀과 같으며 그 영화가 들의 꽃과 같도다
16 그것은 바람이 지나가면 없어지나니 그 있던 자리도 다시 알지 못하
거니와
17 여호와의 인자하심은 자기를 경외하는 자에게 영원부터 영원까지 이
르며 그의 의는 자손의 자손에게 이르리니
18 곧 그의 언약을 지키고 그의 법도를 기억하여 행하는 자에게로다
19 여호와께서 그의 보좌를 하늘에 세우시고 그의 왕권으로 만유를 다
스리시도다
20 능력이 있어 여호와의 말씀을 행하며 그의 말씀의 소리를 듣는 여호
와의 천사들이여 여호와를 송축하라
21 그에게 수종들며 그의 뜻을 행하는 모든 천군이여 여호와를 송축하라
22 여호와의 지으심을 받고 그가 다스리시는 모든 곳에 있는 너희여 여
호와를 송축하라 내 영혼아 여호와를 송축하라

104편

1 내 영혼아 여호와를 송축하라 여호와 나의 하나님이여 주는 심히 위
대하시며 존귀와 권위로 옷 입으셨나이다
2 주께서 옷을 입음 같이 빛을 입으시며 하늘을 휘장 같이 치시며
3 물에 자기 누각의 들보를 얹으시며 구름으로 자기 수레를 삼으시고
바람 날개로 다니시며

14

15

16

17

18

19

20

21

22

[104편]

1

2

3

104편

4 바람을 자기 사신으로 삼으시고 불꽃으로 자기 사역자를 삼으시며
5 땅에 기초를 놓으사 영원히 흔들리지 아니하게 하셨나이다
6 옷으로 덮음 같이 주께서 땅을 깊은 바다로 덮으시매 물이 산들 위로
솟아올랐으나
7 주께서 꾸짖으시니 물은 도망하며 주의 우렛소리로 말미암아 빨리
가며
8 주께서 그들을 위하여 정하여 주신 곳으로 흘러갔고 산은 오르고 골
짜기는 내려갔나이다
9 주께서 물의 경계를 정하여 넘치지 못하게 하시며 다시 돌아와 땅을
덮지 못하게 하셨나이다
10 여호와께서 샘을 골짜기에서 솟아나게 하시고 산 사이에 흐르게 하사
11 각종 들짐승에게 마시게 하시니 들나귀들도 해갈하며
12 공중의 새들도 그 가에서 깃들이며 나뭇가지 사이에서 지저귀는도다
13 그가 그의 누각에서부터 산에 물을 부어 주시니 주께서 하시는 일의
결실이 땅을 만족시켜 주는도다
14 그가 가축을 위한 풀과 사람을 위한 채소를 자라게 하시며 땅에서 먹
을 것이 나게 하셔서
15 사람의 마음을 기쁘게 하는 포도주와 사람의 얼굴을 윤택하게 하는
기름과 사람의 마음을 힘있게 하는 양식을 주셨도다

4

5
6

7

8

9

10

11
12

13

14

15

104편

16 여호와의 나무에는 물이 흡족함이여 곧 그가 심으신 레바논 백향목
들이로다
17 새들이 그 속에 깃들임이여 학은 잣나무로 집을 삼는도다
18 높은 산들은 산양을 위함이여 바위는 너구리의 피난처로다
19 여호와께서 달로 절기를 정하심이여 해는 그 지는 때를 알도다
20 주께서 흑암을 지어 밤이 되게 하시니 삼림의 모든 짐승이 기어나오
나이다
21 젊은 사자들은 그들의 먹이를 쫓아 부르짖으며 그들의 먹이를 하나님
께 구하다가
22 해가 돋으면 물러가서 그들의 굴 속에 눕고
23 사람은 나와서 일하며 저녁까지 수고하는도다
24 여호와여 주께서 하신 일이 어찌 그리 많은지요 주께서 지혜로 그들
을 다 지으셨으니 주께서 지으신 것들이 땅에 가득하니이다
25 거기에는 크고 넓은 바다가 있고 그 속에는 생물 곧 크고 작은 동물
들이 무수하니이다
26 그 곳에는 배들이 다니며 주께서 지으신 리워야단이 그 속에서 노나
이다
27 이것들은 다 주께서 때를 따라 먹을 것을 주시기를 바라나이다
28 주께서 주신즉 그들이 받으며 주께서 손을 펴신즉 그들이 좋은 것으
로 만족하다가
29 주께서 낯을 숨기신즉 그들이 떨고 주께서 그들의 호흡을 거두신즉
그들은 죽어 먼지로 돌아가나이다

16

17

18

19

20

21

22

23

24

25

26

27

28

29

104편

30 주의 영을 보내어 그들을 창조하사 지면을 새롭게 하시나이다
31 여호와의 영광이 영원히 계속할지며 여호와는 자신께서 행하시는 일들로 말미암아 즐거워하시리로다
32 그가 땅을 보신즉 땅이 진동하며 산들을 만지신즉 연기가 나는도다
33 내가 평생토록 여호와께 노래하며 내가 살아 있는 동안 내 하나님을 찬양하리로다
34 나의 기도를 기쁘게 여기시기를 바라나니 나는 여호와로 말미암아 즐거워하리로다
35 죄인들을 땅에서 소멸하시며 악인들을 다시 있지 못하게 하시리로다 내 영혼아 여호와를 송축하라 할렐루야

105편

1 여호와께 감사하고 그의 이름을 불러 아뢰며 그가 하는 일을 만민 중에 알게 할지어다
2 그에게 노래하며 그를 찬양하며 그의 모든 기이한 일들을 말할지어다
3 그의 거룩한 이름을 자랑하라 여호와를 구하는 자들은 마음이 즐거울지로다
4 여호와와 그의 능력을 구할지어다 그의 얼굴을 항상 구할지어다
5-6 그의 종 아브라함의 후손 곧 택하신 야곱의 자손 너희는 그가 행하신 기적과 그의 이적과 그의 입의 판단을 기억할지어다
7 그는 여호와 우리 하나님이시라 그의 판단이 온 땅에 있도다

30

31

32

33

34

35

[105편]

1

2

3

4

5-6

7

105편

8 그는 그의 언약 곧 천 대에 걸쳐 명령하신 말씀을 영원히 기억하셨
으니
9 이것은 아브라함과 맺은 언약이고 이삭에게 하신 맹세이며
10 야곱에게 세우신 율례 곧 이스라엘에게 하신 영원한 언약이라
11 이르시기를 내가 가나안 땅을 네게 주어 너희에게 할당된 소유가 되
게 하리라 하셨도다
12 그 때에 그들의 사람 수가 적어 그 땅의 나그네가 되었고
13 이 족속에게서 저 족속에게로, 이 나라에서 다른 민족에게로 떠돌아
다녔도다
14 그러나 그는 사람이 그들을 억압하는 것을 용납하지 아니하시고 그
들로 말미암아 왕들을 꾸짖어
15 이르시기를 나의 기름 부은 자를 손대지 말며 나의 선지자들을 해하
지 말라 하셨도다
16 그가 또 그 땅에 기근이 들게 하사 그들이 의지하고 있는 양식을 다
끊으셨도다
17 그가 한 사람을 앞서 보내셨음이여 요셉이 종으로 팔렸도다
18 그의 발은 차꼬를 차고 그의 몸은 쇠사슬에 매였으니
19 곧 여호와의 말씀이 응할 때까지라 그의 말씀이 그를 단련하였도다
20 왕이 사람을 보내어 그를 석방함이여 뭇 백성의 통치자가 그를 자유
롭게 하였도다
21 그를 그의 집의 주관자로 삼아 그의 모든 소유를 관리하게 하고

8

9

10

11

12

13

14

15

16

17

18

19

20

21

105편

22 그의 뜻대로 모든 신하를 다스리며 그의 지혜로 장로들을 교훈하게
하였도다
23 이에 이스라엘이 애굽에 들어감이여 야곱이 함의 땅에 나그네가 되
었도다
24 여호와께서 자기의 백성을 크게 번성하게 하사 그의 대적들보다 강하
게 하셨으며
25 또 그 대적들의 마음이 변하게 하여 그의 백성을 미워하게 하시며 그
의 종들에게 교활하게 행하게 하셨도다
26 그리하여 그는 그의 종 모세와 그의 택하신 아론을 보내시니
27 그들이 그들의 백성 중에서 여호와의 표적을 보이고 함의 땅에서 징
조들을 행하였도다
28 여호와께서 흑암을 보내사 그곳을 어둡게 하셨으나 그들은 그의 말
씀을 지키지 아니하였도다
29 그들의 물도 변하여 피가 되게 하사 그들의 물고기를 죽이셨도다
30 그 땅에 개구리가 많아져서 왕의 궁실에도 있었도다
31 여호와께서 말씀하신즉 파리 떼가 오며 그들의 온 영토에 이가 생겼
도다
32 비 대신 우박을 내리시며 그들의 땅에 화염을 내리셨도다
33 그들의 포도나무와 무화과나무를 치시며 그들의 지경에 있는 나무를
찍으셨도다
34 여호와께서 말씀하신즉 황충과 수많은 메뚜기가 몰려와

22

23

24

25

26

27

28

29

30

31

32

33

34

105편

35 그들의 땅에 있는 모든 채소를 먹으며 그들의 밭에 있는 열매를 먹었
도다
36 또 여호와께서 그들의 기력의 시작인 그 땅의 모든 장자를 치셨도다
37 마침내 그들을 인도하여 은 금을 가지고 나오게 하시니 그의 지파 중
에 비틀거리는 자가 하나도 없었도다
38 그들이 떠날 때에 애굽이 기뻐하였으니 그들이 그들을 두려워함이
로다
39 여호와께서 낮에는 구름을 펴사 덮개를 삼으시고 밤에는 불로 밝히
셨으며
40 그들이 구한즉 메추라기를 가져 오시고 또 하늘의 양식으로 그들을
만족하게 하셨도다
41 반석을 여신즉 물이 흘러나와 마른 땅에 강 같이 흘렀으니
42 이는 그의 거룩한 말씀과 그의 종 아브라함을 기억하셨음이로다
43 그의 백성이 즐겁게 나오게 하시며 그의 택한 자는 노래하며 나오게
하시고
44 여러 나라의 땅을 그들에게 주시며 민족들이 수고한 것을 소유로 가
지게 하셨으니
45 이는 그들이 그의 율례를 지키고 그의 율법을 따르게 하려 하심이로
다 할렐루야

35

36

37

38

39

40

41

42

43

44

45

106편

1 할렐루야 여호와께 감사하라 그는 선하시며 그 인자하심이 영원함이
로다
2 누가 능히 여호와의 권능을 다 말하며 주께서 받으실 찬양을 다 선포
하랴
3 정의를 지키는 자들과 항상 공의를 행하는 자는 복이 있도다
4 여호와여 주의 백성에게 베푸시는 은혜로 나를 기억하시며 주의 구
원으로 나를 돌보사
5 내가 주의 택하신 자가 형통함을 보고 주의 나라의 기쁨을 나누어 가
지게 하사 주의 유산을 자랑하게 하소서
6 우리가 우리의 조상들처럼 범죄하여 사악을 행하며 악을 지었나이다
7 우리의 조상들이 애굽에 있을 때 주의 기이한 일들을 깨닫지 못하며
주의 크신 인자를 기억하지 아니하고 바다 곧 홍해에서 거역하였나
이다
8 그러나 여호와께서는 자기의 이름을 위하여 그들을 구원하셨으니 그
의 큰 권능을 만인이 알게 하려 하심이로다
9 이에 홍해를 꾸짖으시니 곧 마르니 그들을 인도하여 바다 건너가기를
마치 광야를 지나감 같게 하사
10 그들을 그 미워하는 자의 손에서 구원하시며 그 원수의 손에서 구원
하셨고

[106편]

1

2

3

4

5

6

7

8

9

10

106편

11 그들의 대적들은 물로 덮으시매 그들 중에서 하나도 살아 남지 못하
였도다
12 이에 그들이 그의 말씀을 믿고 그를 찬양하는 노래를 불렀도다
13 그러나 그들은 그가 행하신 일을 곧 잊어버리며 그의 가르침을 기다
리지 아니하고
14 광야에서 욕심을 크게 내며 사막에서 하나님을 시험하였도다
15 그러므로 여호와께서는 그들이 요구한 것을 그들에게 주셨을지라도
그들의 영혼은 쇠약하게 하셨도다
16 그들이 진영에서 모세와 여호와의 거룩한 자 아론을 질투하매
17 땅이 갈라져 다단을 삼키며 아비람의 당을 덮었고
18 불이 그들의 당에 붙음이여 화염이 악인들을 살랐도다
19 그들이 호렙에서 송아지를 만들고 부어 만든 우상을 경배하여
20 자기 영광을 풀 먹는 소의 형상으로 바꾸었도다
21 애굽에서 큰 일을 행하신 그의 구원자 하나님을 그들이 잊었나니
22 그는 함의 땅에서 기사와 홍해에서 놀랄 만한 일을 행하신 이시로다
23 그러므로 여호와께서 그들을 멸하리라 하셨으나 그가 택하신 모세
가 그 어려움 가운데에서 그의 앞에 서서 그의 노를 돌이켜 멸하시지
아니하게 하였도다
24 그들이 그 기쁨의 땅을 멸시하며 그 말씀을 믿지 아니하고

11

12

13

14

15

16

17

18

19

20

21

22

23

24

106편

25 그들의 장막에서 원망하며 여호와의 음성을 듣지 아니하였도다
26 이러므로 그가 그의 손을 들어 그들에게 맹세하기를 그들이 광야에
엎드러지게 하고
27 또 그들의 후손을 뭇 백성 중에 엎드러뜨리며 여러 나라로 흩어지게
하리라 하셨도다
28 그들이 또 브올의 바알과 연합하여 죽은 자에게 제사한 음식을 먹
어서
29 그 행위로 주를 격노하게 함으로써 재앙이 그들 중에 크게 유행하였
도다
30 그 때에 비느하스가 일어서서 중재하니 이에 재앙이 그쳤도다
31 이 일이 그의 의로 인정되었으니 대대로 영원까지로다
32 그들이 또 므리바 물에서 여호와를 노하시게 하였으므로 그들 때문
에 재난이 모세에게 이르렀나니
33 이는 그들이 그의 뜻을 거역함으로 말미암아 모세가 그의 입술로 망
령되이 말하였음이로다
34 그들은 여호와께서 멸하라고 말씀하신 그 이방 민족들을 멸하지 아
니하고
35 그 이방 나라들과 섞여서 그들의 행위를 배우며
36 그들의 우상들을 섬기므로 그것들이 그들에게 올무가 되었도다
37 그들이 그들의 자녀를 악귀들에게 희생제물로 바쳤도다
38 무죄한 피 곧 그들의 자녀의 피를 흘려 가나안의 우상들에게 제사하
므로 그 땅이 피로 더러워졌도다

25

26

27

28

29

30

31

32

33

34

35

36

37

38

106편

39 그들은 그들의 행위로 더러워지니 그들의 행동이 음탕하도다
40 그러므로 여호와께서 자기 백성에게 맹렬히 노하시며 자기의 유업을
미워하사
41 그들을 이방 나라의 손에 넘기시매 그들을 미워하는 자들이 그들을
다스렸도다
42 그들이 원수들의 압박을 받고 그들의 수하에 복종하게 되었도다
43 여호와께서 여러 번 그들을 건지시나 그들은 교묘하게 거역하며 자기
죄악으로 말미암아 낮아짐을 당하였도다
44 그러나 여호와께서 그들의 부르짖음을 들으실 때에 그들의 고통을 돌
보시며
45 그들을 위하여 그의 언약을 기억하시고 그 크신 인자하심을 따라 뜻
을 돌이키사
46 그들을 사로잡은 모든 자에게서 긍휼히 여김을 받게 하셨도다
47 여호와 우리 하나님이여 우리를 구원하사 여러 나라로부터 모으시고
우리가 주의 거룩하신 이름을 감사하며 주의 영예를 찬양하게 하소서
48 여호와 이스라엘의 하나님을 영원부터 영원까지 찬양할지어다 모든
백성들아 아멘 할지어다 할렐루야

39

40

41

42

43

44

45

46

47

48

묵상 · 기도

시편

5권

말씀과 찬양

시편 107-150편

손끝에서 피어나는 찬양과 고백

시편 따라쓰기

5권 말씀과 찬양

시편 107-150편

107편

1 여호와께 감사하라 그는 선하시며 그 인자하심이 영원함이로다
2 여호와의 속량을 받은 자들은 이같이 말할지어다 여호와께서 대적의
손에서 그들을 속량하사
3 동서 남북 각 지방에서부터 모으셨도다
4 그들이 광야 사막 길에서 방황하며 거주할 성읍을 찾지 못하고
5 주리고 목이 말라 그들의 영혼이 그들 안에서 피곤하였도다
6 이에 그들이 근심 중에 여호와께 부르짖으매 그들의 고통에서 건지
시고
7 또 바른 길로 인도하사 거주할 성읍에 이르게 하셨도다
8 여호와의 인자하심과 인생에게 행하신 기적으로 말미암아 그를 찬송
할지로다
9 그가 사모하는 영혼에게 만족을 주시며 주린 영혼에게 좋은 것으로
채워주심이로다
10 사람이 흑암과 사망의 그늘에 앉으며 곤고와 쇠사슬에 매임은
11 하나님의 말씀을 거역하며 지존자의 뜻을 멸시함이라
12 그러므로 그가 고통을 주어 그들의 마음을 겸손하게 하셨으니 그들
이 엎드러져도 돕는 자가 없었도다
13 이에 그들이 그 환난 중에 여호와께 부르짖으매 그들의 고통에서 구
원하시되
14 흑암과 사망의 그늘에서 인도하여 내시고 그들의 얽어 맨 줄을 끊으
셨도다

[107편]

1

2

3

4

5

6

7

8

9

10

11

12

13

14

5권 말씀과 찬양

시편 107-150편

107편

15 여호와의 인자하심과 인생에게 행하신 기적으로 말미암아 그를 찬송
할지로다
16 그가 놋문을 깨뜨리시며 쇠빗장을 꺾으셨음이로다
17 미련한 자들은 그들의 죄악의 길을 따르고 그들의 악을 범하기 때문
에 고난을 받아
18 그들은 그들의 모든 음식물을 싫어하게 되어 사망의 문에 이르렀도다
19 이에 그들이 그들의 고통 때문에 여호와께 부르짖으매 그가 그들의
고통에서 그들을 구원하시되
20 그가 그의 말씀을 보내어 그들을 고치시고 위험한 지경에서 건지시
는도다
21 여호와의 인자하심과 인생에게 행하신 기적으로 말미암아 그를 찬송
할지로다
22 감사제를 드리며 노래하여 그가 행하신 일을 선포할지로다
23 배들을 바다에 띄우며 큰 물에서 일을 하는 자는
24 여호와께서 행하신 일들과 그의 기이한 일들을 깊은 바다에서 보나니
25 여호와께서 명령하신즉 광풍이 일어나 바다 물결을 일으키는도다
26 그들이 하늘로 솟구쳤다가 깊은 곳으로 내려가나니 그 위험 때문에
그들의 영혼이 녹는도다
27 그들이 이리저리 구르며 취한 자 같이 비틀거리니 그들의 모든 지각
이 혼돈 속에 빠지는도다

15

16

17

18

19

20

21

22

23

24

25

26

27

107편

28 이에 그들이 그들의 고통 때문에 여호와께 부르짖으매 그가 그들의
고통에서 그들을 인도하여 내시고
29 광풍을 고요하게 하사 물결도 잔잔하게 하시는도다
30 그들이 평온함으로 말미암아 기뻐하는 중에 여호와께서 그들이 바
라는 항구로 인도하시는도다
31 여호와의 인자하심과 인생에게 행하신 기적으로 말미암아 그를 찬송
할지로다
32 백성의 모임에서 그를 높이며 장로들의 자리에서 그를 찬송할지로다
33 여호와께서는 강이 변하여 광야가 되게 하시며 샘이 변하여 마른 땅
이 되게 하시며
34 그 주민의 악으로 말미암아 옥토가 변하여 염전이 되게 하시며
35 또 광야가 변하여 못이 되게 하시며 마른 땅이 변하여 샘물이 되게
하시고
36 주린 자들로 말미암아 거기에 살게 하사 그들이 거주할 성읍을 준비
하게 하시고
37 밭에 파종하며 포도원을 재배하여 풍성한 소출을 거두게 하시며
38 또 복을 주사 그들이 크게 번성하게 하시고 그의 가축이 감소하지 아
니하게 하실지라도
39 다시 압박과 재난과 우환을 통하여 그들의 수를 줄이시며 낮추시는
도다

28

29

30

31

32

33

34

35

36

37

38

39

107편

40 여호와께서 고관들에게는 능욕을 쏟아 부으시고 길 없는 황야에서
유리하게 하시나
41 궁핍한 자는 그의 고통으로부터 건져 주시고 그의 가족을 양 떼 같
이 지켜 주시나니
42 정직한 자는 보고 기뻐하며 모든 사악한 자는 자기 입을 봉하리로다
43 지혜 있는 자들은 이러한 일들을 지켜 보고 여호와의 인자하심을 깨
달으리로다

108편

다윗의 찬송 시

1 하나님이여 내 마음을 정하였사오니 내가 노래하며 나의 마음을 다
하여 찬양하리로다
2 비파야, 수금아, 깰지어다 내가 새벽을 깨우리로다
3 여호와여 내가 만민 중에서 주께 감사하고 뭇 나라 중에서 주를 찬
양하오리니
4 주의 인자하심이 하늘보다 높으시며 주의 진실은 궁창에까지 이르나
이다
5 하나님이여 주는 하늘 위에 높이 들리시며 주의 영광이 온 땅에서 높
임 받으시기를 원하나이다
6 주께서 사랑하시는 자들을 건지시기 위하여 우리에게 응답하사 오른
손으로 구원하소서
7 하나님이 그의 성소에서 말씀하시되 내가 기뻐하리라 내가 세겜을
나누며 숙곳 골짜기를 측량하리라

40

41

42

43

[108편] 다윗의 찬송 시

1

2

3

4

5

6

7

5권

말씀과 찬양

시편 107-150편

108편

8 길르앗이 내 것이요 므낫세도 내 것이며 에브라임은 내 머리의 투구
요 유다는 나의 규이며
9 모압은 내 목욕통이라 에돔에는 내 신발을 벗어 던질지며 블레셋 위
에서 내가 외치리라 하셨도다
10 누가 나를 이끌어 견고한 성읍으로 인도해 들이며 누가 나를 에돔으
로 인도할꼬
11 하나님이여 주께서 우리를 버리지 아니하셨나이까 하나님이여 주께
서 우리의 군대들과 함께 나아가지 아니하시나이다
12 우리를 도와 대적을 치게 하소서 사람의 구원은 헛됨이니이다
13 우리가 하나님을 의지하고 용감히 행하리니 그는 우리의 대적들을
밟으실 자이심이로다

109편

다윗의 시, 인도자를 따라 부르는 노래

1 내가 찬양하는 하나님이여 잠잠하지 마옵소서
2 그들이 악한 입과 거짓된 입을 열어 나를 치며 속이는 혀로 내게 말
하며
3 또 미워하는 말로 나를 두르고 까닭 없이 나를 공격하였음이니이다
4 나는 사랑하나 그들은 도리어 나를 대적하니 나는 기도할 뿐이라
5 그들이 악으로 나의 선을 갚으며 미워함으로 나의 사랑을 갚았사오니
6 악인이 그를 다스리게 하시며 사탄이 그의 오른쪽에 서게 하소서

8

9

10

11

12

13

[109편] 다윗의 시, 인도자를 따라 부르는 노래

1

2

3

4

5

6

109편

7 그가 심판을 받을 때에 죄인이 되어 나오게 하시며 그의 기도가 죄로
변하게 하시며
8 그의 연수를 짧게 하시며 그의 직분을 타인이 빼앗게 하시며
9 그의 자녀는 고아가 되고 그의 아내는 과부가 되며
10 그의 자녀들은 유리하며 구걸하고 그들의 황폐한 집을 떠나 빌어먹
게 하소서
11 고리대금하는 자가 그의 소유를 다 빼앗게 하시며 그가 수고한 것을
낯선 사람이 탈취하게 하시며
12 그에게 인애를 베풀 자가 없게 하시며 그의 고아에게 은혜를 베풀 자
도 없게 하시며
13 그의 자손이 끊어지게 하시며 후대에 그들의 이름이 지워지게 하소서
14 여호와는 그의 조상들의 죄악을 기억하시며 그의 어머니의 죄를 지
워 버리지 마시고
15 그 죄악을 항상 여호와 앞에 있게 하사 그들의 기억을 땅에서 끊으소서
16 그가 인자를 베풀 일을 생각하지 아니하고 가난하고 궁핍한 자와 마
음이 상한 자를 핍박하여 죽이려 하였기 때문이니이다
17 그가 저주하기를 좋아하더니 그것이 자기에게 임하고 축복하기를 기
뻐하지 아니하더니 복이 그를 멀리 떠났으며
18 또 저주하기를 옷 입듯 하더니 저주가 물 같이 그의 몸 속으로 들어
가며 기름 같이 그의 뼈 속으로 들어갔나이다

7

8

9

10

11

12

13

14

15

16

17

18

109편

19 저주가 그에게는 입는 옷 같고 항상 띠는 띠와 같게 하소서
20 이는 나의 대적들이 곧 내 영혼을 대적하여 악담하는 자들이 여호와
께 받는 보응이니이다
21 그러나 주 여호와여 주의 이름으로 말미암아 나를 선대하소서 주의
인자하심이 선하시오니 나를 건지소서
22 나는 가난하고 궁핍하여 나의 중심이 상함이니이다
23 나는 석양 그림자 같이 지나가고 또 메뚜기 같이 불려 가오며
24 금식하므로 내 무릎이 흔들리고 내 육체는 수척하오며
25 나는 또 그들의 비방 거리라 그들이 나를 보면 머리를 흔드나이다
26 여호와 나의 하나님이여 나를 도우시며 주의 인자하심을 따라 나를
구원하소서
27 이것이 주의 손이 하신 일인 줄을 그들이 알게 하소서 주 여호와께서
이를 행하셨나이다
28 그들은 내게 저주하여도 주는 내게 복을 주소서 그들은 일어날 때에
수치를 당할지라도 주의 종은 즐거워하리이다
29 나의 대적들이 욕을 옷 입듯 하게 하시며 자기 수치를 겉옷 같이 입게
하소서
30 내가 입으로 여호와께 크게 감사하며 많은 사람 중에서 찬송하리니
31 그가 궁핍한 자의 오른쪽에 서사 그의 영혼을 심판하려 하는 자들에
게서 구원하실 것임이로다

19

20

21

22

23

24

25

26

27

28

29

30

31

110편

다윗의 시

1 여호와께서 내 주에게 말씀하시기를 내가 네 원수들로 네 발판이 되
게 하기까지 너는 내 오른쪽에 앉아 있으라 하셨도다
2 여호와께서 시온에서부터 주의 권능의 규를 내보내시리니 주는 원수
들 중에서 다스리소서
3 주의 권능의 날에 주의 백성이 거룩한 옷을 입고 즐거이 헌신하니 새
벽 이슬 같은 주의 청년들이 주께 나오는도다
4 여호와는 맹세하고 변하지 아니하시리라 이르시기를 너는 멜기세덱
의 서열을 따라 영원한 제사장이라 하셨도다
5 주의 오른쪽에 계신 주께서 그의 노하시는 날에 왕들을 쳐서 깨뜨리
실 것이라
6 뭇 나라를 심판하여 시체로 가득하게 하시고 여러 나라의 머리를 쳐
서 깨뜨리시며
7 길 가의 시냇물을 마시므로 그의 머리를 드시리로다

111편

1 할렐루야, 내가 정직한 자들의 모임과 회중 가운데에서 전심으로 여
호와께 감사하리로다
2 여호와께서 행하시는 일들이 크시오니 이를 즐거워하는 자들이 다
기리는도다
3 그의 행하시는 일이 존귀하고 엄위하며 그의 의가 영원히 서 있도다
4 그의 기적을 사람이 기억하게 하셨으니 여호와는 은혜로우시고 자비
로우시도다

[110편] 다윗의 시

1

2

3

4

5

6

7

[111편]

1

2

3

4

111편

5 여호와께서 자기를 경외하는 자들에게 양식을 주시며 그의 언약을
영원히 기억하시리로다
6 그가 그들에게 뭇 나라의 기업을 주사 그가 행하시는 일의 능력을 그
들에게 알리셨도다
7 그의 손이 하는 일은 진실과 정의이며 그의 법도는 다 확실하니
8 영원무궁토록 정하신 바요 진실과 정의로 행하신 바로다
9 여호와께서 그의 백성을 속량하시며 그의 언약을 영원히 세우셨으니
그의 이름이 거룩하고 지존하시도다
10 여호와를 경외함이 지혜의 근본이라 그의 계명을 지키는 자는 다 훌
륭한 지각을 가진 자이니 여호와를 찬양함이 영원히 계속되리로다

112편

1 할렐루야, 여호와를 경외하며 그의 계명을 크게 즐거워하는 자는 복
이 있도다
2 그의 후손이 땅에서 강성함이여 정직한 자들의 후손에게 복이 있으
리로다
3 부와 재물이 그의 집에 있음이여 그의 공의가 영구히 서 있으리로다
4 정직한 자들에게는 흑암 중에 빛이 일어나나니 그는 자비롭고 긍휼
이 많으며 의로운 이로다
5 은혜를 베풀며 꾸어 주는 자는 잘 되나니 그 일을 정의로 행하리로다

5

6

7

8

9

10

[112편]

1

2

3

4

5

112편

6 그는 영원히 흔들리지 아니함이여 의인은 영원히 기억되리로다
7 그는 흉한 소문을 두려워하지 아니함이여 여호와를 의뢰하고 그의
마음을 굳게 정하였도다
8 그의 마음이 견고하여 두려워하지 아니할 것이라 그의 대적들이 받
는 보응을 마침내 보리로다
9 그가 재물을 흩어 빈궁한 자들에게 주었으니 그의 의가 영구히 있고
그의 뿔이 영광 중에 들리리로다
10 악인은 이를 보고 한탄하여 이를 갈면서 소멸되리니 악인들의 욕망
은 사라지리로다

113편

1 할렐루야, 여호와의 종들아 찬양하라 여호와의 이름을 찬양하라
2 이제부터 영원까지 여호와의 이름을 찬송할지로다
3 해 돋는 데에서부터 해 지는 데에까지 여호와의 이름이 찬양을 받으
시리로다
4 여호와는 모든 나라보다 높으시며 그의 영광은 하늘보다 높으시도다
5 여호와 우리 하나님과 같은 이가 누구리요 높은 곳에 앉으셨으나
6 스스로 낮추사 천지를 살피시고
7 가난한 자를 먼지 더미에서 일으키시며 궁핍한 자를 거름 더미에서
들어 세워
8 지도자들 곧 그의 백성의 지도자들과 함께 세우시며
9 또 임신하지 못하던 여자를 집에 살게 하사 자녀들을 즐겁게 하는 어
머니가 되게 하시는도다 할렐루야

6

7

8

9

10

[113편]

1

2

3

4

5

6

7

8

9

114편

1 이스라엘이 애굽에서 나오며 야곱의 집안이 언어가 다른 민족에게서 나올 때에
2 유다는 여호와의 성소가 되고 이스라엘은 그의 영토가 되었도다
3 바다가 보고 도망하며 요단은 물러갔으니
4 산들은 숫양들 같이 뛰놀며 작은 산들은 어린 양들 같이 뛰었도다
5 바다야 네가 도망함은 어찌함이며 요단아 네가 물러감은 어찌함인가
6 너희 산들아 숫양들 같이 뛰놀며 작은 산들아 어린 양들 같이 뛰놂은 어찌함인가
7 땅이여 너는 주 앞 곧 야곱의 하나님 앞에서 떨지어다
8 그가 반석을 쳐서 못물이 되게 하시며 차돌로 샘물이 되게 하셨도다

115편

1 여호와여 영광을 우리에게 돌리지 마옵소서 우리에게 돌리지 마옵소서 오직 주는 인자하시고 진실하시므로 주의 이름에만 영광을 돌리소서
2 어찌하여 뭇 나라가 그들의 하나님이 이제 어디 있느냐 말하게 하리이까
3 오직 우리 하나님은 하늘에 계셔서 원하시는 모든 것을 행하셨나이다

[114편]

1

2

3

4

5

6

7

8

[115편]

1

2

3

115편

4 그들의 우상들은 은과 금이요 사람이 손으로 만든 것이라
5 입이 있어도 말하지 못하며 눈이 있어도 보지 못하며
6 귀가 있어도 듣지 못하며 코가 있어도 냄새 맡지 못하며
7 손이 있어도 만지지 못하며 발이 있어도 걷지 못하며 목구멍이 있어도 작은 소리조차 내지 못하느니라
8 우상들을 만드는 자들과 그것을 의지하는 자들이 다 그와 같으리로다
9 이스라엘아 여호와를 의지하라 그는 너희의 도움이시요 너희의 방패시로다
10 아론의 집이여 여호와를 의지하라 그는 너희의 도움이시요 너희의 방패시로다
11 여호와를 경외하는 자들아 너희는 여호와를 의지하여라 그는 너희의 도움이시요 너희의 방패시로다
12 여호와께서 우리를 생각하사 복을 주시되 이스라엘 집에도 복을 주시고 아론의 집에도 복을 주시며
13 높은 사람이나 낮은 사람을 막론하고 여호와를 경외하는 자들에게 복을 주시리로다
14 여호와께서 너희를 곧 너희와 너희의 자손을 더욱 번창하게 하시기를 원하노라
15 너희는 천지를 지으신 여호와께 복을 받는 자로다
16 하늘은 여호와의 하늘이라도 땅은 사람에게 주셨도다

4

5

6

7

8

9

10

11

12

13

14

15

16

115편

17 죽은 자들은 여호와를 찬양하지 못하나니 적막한 데로 내려가는 자
들은 아무도 찬양하지 못하리로다
18 우리는 이제부터 영원까지 여호와를 송축하리로다 할렐루야

116편

1 여호와께서 내 음성과 내 간구를 들으시므로 내가 그를 사랑하는도다
2 그의 귀를 내게 기울이셨으므로 내가 평생에 기도하리로다
3 사망의 줄이 나를 두르고 스올의 고통이 내게 이르므로 내가 환난과
슬픔을 만났을 때에
4 내가 여호와의 이름으로 기도하기를 여호와여 주께 구하오니 내 영혼
을 건지소서 하였도다
5 여호와는 은혜로우시며 의로우시며 우리 하나님은 긍휼이 많으시도다
6 여호와께서는 순진한 자를 지키시나니 내가 어려울 때에 나를 구원
하셨도다
7 내 영혼아 네 평안함으로 돌아갈지어다 여호와께서 너를 후대하심이
로다
8 주께서 내 영혼을 사망에서, 내 눈을 눈물에서, 내 발을 넘어짐에서
건지셨나이다
9 내가 생명이 있는 땅에서 여호와 앞에 행하리로다
10 내가 크게 고통을 당하였다고 말할 때에도 나는 믿었도다
11 내가 놀라서 이르기를 모든 사람이 거짓말쟁이라 하였도다

17

18

[116편]

1

2

3

4

5

6

7

8

9

10

11

116편

12 내게 주신 모든 은혜를 내가 여호와께 무엇으로 보답할까
13 내가 구원의 잔을 들고 여호와의 이름을 부르며
14 여호와의 모든 백성 앞에서 나는 나의 서원을 여호와께 갚으리로다
15 그의 경건한 자들의 죽음은 여호와께서 보시기에 귀중한 것이로다
16 여호와여 나는 진실로 주의 종이요 주의 여종의 아들 곧 주의 종이라
주께서 나의 결박을 푸셨나이다
17 내가 주께 감사제를 드리고 여호와의 이름을 부르리이다
18 내가 여호와께 서원한 것을 그의 모든 백성이 보는 앞에서 내가 지키
리로다
19 예루살렘아, 네 한가운데에서 곧 여호와의 성전 뜰에서 지키리로다
할렐루야

117편

1 너희 모든 나라들아 여호와를 찬양하며 너희 모든 백성들아 그를 찬
송할지어다
2 우리에게 향하신 여호와의 인자하심이 크시고 여호와의 진실하심이
영원함이로다 할렐루야

118편

1 여호와께 감사하라 그는 선하시며 그의 인자하심이 영원함이로다
2 이제 이스라엘은 말하기를 그의 인자하심이 영원하다 할지로다
3 이제 아론의 집은 말하기를 그의 인자하심이 영원하다 할지로다
4 이제 여호와를 경외하는 자는 말하기를 그의 인자하심이 영원하다
할지로다

12

13

14

15

16

17

18

19

[117편]

1

2

[118편]

1

2

3

4

118편

5 내가 고통 중에 여호와께 부르짖었더니 여호와께서 응답하시고 나를
넓은 곳에 세우셨도다
6 여호와는 내 편이시라 내가 두려워하지 아니하리니 사람이 내게 어찌
할까
7 여호와께서 내 편이 되사 나를 돕는 자들 중에 계시니 그러므로 나
를 미워하는 자들에게 보응하시는 것을 내가 보리로다
8 여호와께 피하는 것이 사람을 신뢰하는 것보다 나으며
9 여호와께 피하는 것이 고관들을 신뢰하는 것보다 낫도다
10 뭇 나라가 나를 에워쌌으니 내가 여호와의 이름으로 그들을 끊으리
로다
11 그들이 나를 에워싸고 에워쌌으니 내가 여호와의 이름으로 그들을
끊으리로다
12 그들이 벌들처럼 나를 에워쌌으나 가시덤불의 불 같이 타 없어졌나니
내가 여호와의 이름으로 그들을 끊으리로다
13 너는 나를 밀쳐 넘어뜨리려 하였으나 여호와께서는 나를 도우셨도다
14 여호와는 나의 능력과 찬송이시요 또 나의 구원이 되셨도다
15 의인들의 장막에는 기쁜 소리, 구원의 소리가 있음이여 여호와의 오
른손이 권능을 베푸시며
16 여호와의 오른손이 높이 들렸으며 여호와의 오른손이 권능을 베푸시
는도다
17 내가 죽지 않고 살아서 여호와께서 하시는 일을 선포하리로다

5

6

7

8

9

10

11

12

13

14

15

16

17

118편

18 여호와께서 나를 심히 경책하셨어도 죽음에는 넘기지 아니하셨도다
19 내게 의의 문들을 열지어다 내가 그리로 들어가서 여호와께 감사하
리로다
20 이는 여호와의 문이라 의인들이 그리로 들어가리로다
21 주께서 내게 응답하시고 나의 구원이 되셨으니 내가 주께 감사하리
이다
22 건축자가 버린 돌이 집 모퉁이의 머릿돌이 되었나니
23 이는 여호와께서 행하신 것이요 우리 눈에 기이한 바로다
24 이 날은 여호와께서 정하신 것이라 이 날에 우리가 즐거워하고 기뻐
하리로다
25 여호와여 구하옵나니 이제 구원하소서 여호와여 우리가 구하옵나니
이제 형통하게 하소서
26 여호와의 이름으로 오는 자가 복이 있음이여 우리가 여호와의 집에서
너희를 축복하였도다
27 여호와는 하나님이시라 그가 우리에게 빛을 비추셨으니 밧줄로 절기
제물을 제단 뿔에 맬지어다
28 주는 나의 하나님이시라 내가 주께 감사하리이다 주는 나의 하나님이
시라 내가 주를 높이리이다
29 여호와께 감사하라 그는 선하시며 그의 인자하심이 영원함이로다

18

19

20

21

22

23

24

25

26

27

28

29

119편

1 행위가 온전하여 여호와의 율법을 따라 행하는 자들은 복이 있음이여
2 여호와의 증거들을 지키고 전심으로 여호와를 구하는 자는 복이 있
도다
3 참으로 그들은 불의를 행하지 아니하고 주의 도를 행하는도다
4 주께서 명령하사 주의 법도를 잘 지키게 하셨나이다
5 내 길을 굳게 정하사 주의 율례를 지키게 하소서
6 내가 주의 모든 계명에 주의할 때에는 부끄럽지 아니하리이다
7 내가 주의 의로운 판단을 배울 때에는 정직한 마음으로 주께 감사하
리이다
8 내가 주의 율례들을 지키오리니 나를 아주 버리지 마옵소서
9 청년이 무엇으로 그의 행실을 깨끗하게 하리이까 주의 말씀만 지킬
따름이니이다
10 내가 전심으로 주를 찾았사오니 주의 계명에서 떠나지 말게 하소서
11 내가 주께 범죄하지 아니하려 하여 주의 말씀을 내 마음에 두었나이다
12 찬송을 받으실 주 여호와여 주의 율례들을 내게 가르치소서
13 주의 입의 모든 규례들을 나의 입술로 선포하였으며
14 내가 모든 재물을 즐거워함 같이 주의 증거들의 도를 즐거워하였나
이다
15 내가 주의 법도들을 작은 소리로 읊조리며 주의 길들에 주의하며

[119편]

1

2

3

4

5

6

7

8

9

10

11

12

13

14

15

119편

16 주의 율례들을 즐거워하며 주의 말씀을 잊지 아니하리이다
17 주의 종을 후대하여 살게 하소서 그리하시면 주의 말씀을 지키리이다
18 내 눈을 열어서 주의 율법에서 놀라운 것을 보게 하소서
19 나는 땅에서 나그네가 되었사오니 주의 계명들을 내게 숨기지 마소서
20 주의 규례들을 항상 사모함으로 내 마음이 상하나이다
21 교만하여 저주를 받으며 주의 계명들에서 떠나는 자들을 주께서 꾸
짖으셨나이다
22 내가 주의 교훈들을 지켰사오니 비방과 멸시를 내게서 떠나게 하소서
23 고관들도 앉아서 나를 비방하였사오나 주의 종은 주의 율례들을 작
은 소리로 읊조렸나이다
24 주의 증거들은 나의 즐거움이요 나의 충고자니이다
25 내 영혼이 진토에 붙었사오니 주의 말씀대로 나를 살아나게 하소서
26 내가 나의 행위를 아뢰매 주께서 내게 응답하셨사오니 주의 율례들
을 내게 가르치소서
27 나에게 주의 법도들의 길을 깨닫게 하여 주소서 그리하시면 내가 주
의 기이한 일들을 작은 소리로 읊조리리이다
28 나의 영혼이 눌림으로 말미암아 녹사오니 주의 말씀대로 나를 세우
소서

16

17

18

19

20

21

22

23

24

25

26

27

28

119편

29 거짓 행위를 내게서 떠나게 하시고 주의 법을 내게 은혜로이 베푸소서
30 내가 성실한 길을 택하고 주의 규례들을 내 앞에 두었나이다
31 내가 주의 증거들에 매달렸사오니 여호와여 내가 수치를 당하지 말게 하소서
32 주께서 내 마음을 넓히시면 내가 주의 계명들의 길로 달려가리이다
33 여호와여 주의 율례들의 도를 내게 가르치소서 내가 끝까지 지키리이다
34 나로 하여금 깨닫게 하여 주소서 내가 주의 법을 준행하며 전심으로 지키리이다
35 나로 하여금 주의 계명들의 길로 행하게 하소서 내가 이를 즐거워함이니이다
36 내 마음을 주의 증거들에게 향하게 하시고 탐욕으로 향하지 말게 하소서
37 내 눈을 돌이켜 허탄한 것을 보지 말게 하시고 주의 길에서 나를 살아나게 하소서
38 주를 경외하게 하는 주의 말씀을 주의 종에게 세우소서
39 내가 두려워하는 비방을 내게서 떠나게 하소서 주의 규례들은 선하심이니이다
40 내가 주의 법도들을 사모하였사오니 주의 의로 나를 살아나게 하소서

29

30
31

32

33

34

35

36

37

38
39

40

119편

41 여호와여 주의 말씀대로 주의 인자하심과 주의 구원을 내게 임하게
하소서
42 그리하시면 내가 나를 비방하는 자들에게 대답할 말이 있사오리니
내가 주의 말씀을 의지함이니이다
43 진리의 말씀이 내 입에서 조금도 떠나지 말게 하소서 내가 주의 규례
를 바랐음이니이다
44 내가 주의 율법을 항상 지키리이다 영원히 지키리이다
45 내가 주의 법도들을 구하였사오니 자유롭게 걸어갈 것이오며
46 또 왕들 앞에서 주의 교훈들을 말할 때에 수치를 당하지 아니하겠사
오며
47 내가 사랑하는 주의 계명들을 스스로 즐거워하며
48 또 내가 사랑하는 주의 계명들을 향하여 내 손을 들고 주의 율례들
을 작은 소리로 읊조리리이다
49 주의 종에게 하신 말씀을 기억하소서 주께서 내게 소망을 가지게 하
셨나이다
50 이 말씀은 나의 고난 중의 위로라 주의 말씀이 나를 살리셨기 때문이
니이다
51 교만한 자들이 나를 심히 조롱하였어도 나는 주의 법을 떠나지 아니
하였나이다
52 여호와여 주의 옛 규례들을 내가 기억하고 스스로 위로하였나이다

41

42

43

44

45

46

47

48

49

50

51

52

119편

53 주의 율법을 버린 악인들로 말미암아 내가 맹렬한 분노에 사로잡혔나이다
54 내가 나그네 된 집에서 주의 율례들이 나의 노래가 되었나이다
55 여호와여 내가 밤에 주의 이름을 기억하고 주의 법을 지켰나이다
56 내 소유는 이것이니 곧 주의 법도들을 지킨 것이니이다
57 여호와는 나의 분깃이시니 나는 주의 말씀을 지키리라 하였나이다
58 내가 전심으로 주께 간구하였사오니 주의 말씀대로 내게 은혜를 베푸소서
59 내가 내 행위를 생각하고 주의 증거들을 향하여 내 발길을 돌이켰사오며
60 주의 계명들을 지키기에 신속히 하고 지체하지 아니하였나이다
61 악인들의 줄이 내게 두루 얽혔을지라도 나는 주의 법을 잊지 아니하였나이다
62 내가 주의 의로운 규례들로 말미암아 밤중에 일어나 주께 감사하리이다
63 나는 주를 경외하는 모든 자들과 주의 법도들을 지키는 자들의 친구라
64 여호와여 주의 인자하심이 땅에 충만하였사오니 주의 율례들로 나를 가르치소서
65 여호와여 주의 말씀대로 주의 종을 선대하셨나이다
66 내가 주의 계명들을 믿었사오니 좋은 명철과 지식을 내게 가르치소서

53

54

55

56

57

58

59

60

61

62

63

64

65

66

119편

67 고난 당하기 전에는 내가 그릇 행하였더니 이제는 주의 말씀을 지키
나이다
68 주는 선하사 선을 행하시오니 주의 율례들로 나를 가르치소서
69 교만한 자들이 거짓을 지어 나를 치려 하였사오나 나는 전심으로 주
의 법도들을 지키리이다
70 그들의 마음은 살져서 기름덩이 같으나 나는 주의 법을 즐거워하나
이다
71 고난 당한 것이 내게 유익이라 이로 말미암아 내가 주의 율례들을 배
우게 되었나이다
72 주의 입의 법이 내게는 천천 금은보다 좋으니이다
73 주의 손이 나를 만들고 세우셨사오니 내가 깨달아 주의 계명들을 배
우게 하소서
74 주를 경외하는 자들이 나를 보고 기뻐하는 것은 내가 주의 말씀을
바라는 까닭이니이다
75 여호와여 내가 알거니와 주의 심판은 의로우시고 주께서 나를 괴롭
게 하심은 성실하심 때문이니이다
76 구하오니 주의 종에게 하신 말씀대로 주의 인자하심이 나의 위안이
되게 하시며
77 주의 긍휼히 여기심이 내게 임하사 내가 살게 하소서 주의 법은 나의
즐거움이니이다
78 교만한 자들이 거짓으로 나를 엎드러뜨렸으니 그들이 수치를 당하게
하소서 나는 주의 법도들을 작은 소리로 읊조리리이다

67

68

69

70

71

72

73

74

75

76

77

78

119편

79 주를 경외하는 자들이 내게 돌아오게 하소서 그리하시면 그들이 주
의 증거들을 알리이다
80 내 마음으로 주의 율례들에 완전하게 하사 내가 수치를 당하지 아니
하게 하소서
81 나의 영혼이 주의 구원을 사모하기에 피곤하오나 나는 주의 말씀을
바라나이다
82 나의 말이 주께서 언제나 나를 안위하실까 하면서 내 눈이 주의 말씀
을 바라기에 피곤하니이다
83 내가 연기 속의 가죽 부대 같이 되었으나 주의 율례들을 잊지 아니하
나이다
84 주의 종의 날이 얼마나 되나이까 나를 핍박하는 자들을 주께서 언제
나 심판하시리이까
85 주의 법을 따르지 아니하는 교만한 자들이 나를 해하려고 웅덩이를
팠나이다
86 주의 모든 계명들은 신실하니이다 그들이 이유 없이 나를 핍박하오니
나를 도우소서
87 그들이 나를 세상에서 거의 멸하였으나 나는 주의 법도들을 버리지
아니하였사오니
88 주의 인자하심을 따라 나를 살아나게 하소서 그리하시면 주의 입의
교훈들을 내가 지키리이다
89 여호와여 주의 말씀은 영원히 하늘에 굳게 섰사오며

79

80

81

82

83

84

85

86

87

88

89

119편

90 주의 성실하심은 대대에 이르나이다 주께서 땅을 세우셨으므로 땅이
항상 있사오니
91 천지가 주의 규례들대로 오늘까지 있음은 만물이 주의 종이 된 까닭
이니이다
92 주의 법이 나의 즐거움이 되지 아니하였더면 내가 내 고난 중에 멸망
하였으리이다
93 내가 주의 법도들을 영원히 잊지 아니하오니 주께서 이것들 때문에
나를 살게 하심이니이다
94 나는 주의 것이오니 나를 구원하소서 내가 주의 법도들만을 찾았나
이다
95 악인들이 나를 멸하려고 엿보오나 나는 주의 증거들만을 생각하겠
나이다
96 내가 보니 모든 완전한 것이 다 끝이 있어도 주의 계명들은 심히 넓으
니이다
97 내가 주의 법을 어찌 그리 사랑하는지요 내가 그것을 종일 작은 소리
로 읊조리나이다
98 주의 계명들이 항상 나와 함께 하므로 그것들이 나를 원수보다 지혜
롭게 하나이다
99 내가 주의 증거들을 늘 읊조리므로 나의 명철함이 나의 모든 스승보
다 나으며
100 주의 법도들을 지키므로 나의 명철함이 노인보다 나으니이다

90

91

92

93

94

95

96

97

98

99

100

119편

101 내가 주의 말씀을 지키려고 발을 금하여 모든 악한 길로 가지 아니하였사오며
102 주께서 나를 가르치셨으므로 내가 주의 규례들에서 떠나지 아니하였나이다
103 주의 말씀의 맛이 내게 어찌 그리 단지요 내 입에 꿀보다 더 다니이다
104 주의 법도들로 말미암아 내가 명철하게 되었으므로 모든 거짓 행위를 미워하나이다
105 주의 말씀은 내 발에 등이요 내 길에 빛이니이다
106 주의 의로운 규례들을 지키기로 맹세하고 굳게 정하였나이다
107 나의 고난이 매우 심하오니 여호와여 주의 말씀대로 나를 살아나게 하소서
108 여호와여 구하오니 내 입이 드리는 자원제물을 받으시고 주의 공의를 내게 가르치소서
109 나의 생명이 항상 위기에 있사오나 나는 주의 법을 잊지 아니하나이다
110 악인들이 나를 해하려고 올무를 놓았사오나 나는 주의 법도들에서 떠나지 아니하였나이다
111 주의 증거들로 내가 영원히 나의 기업을 삼았사오니 이는 내 마음의 즐거움이 됨이니이다
112 내가 주의 율례들을 영원히 행하려고 내 마음을 기울였나이다
113 내가 두 마음 품는 자들을 미워하고 주의 법을 사랑하나이다

101

102

103

104

105

106

107

108

109

110

111

112

113

119편

114 주는 나의 은신처요 방패시라 내가 주의 말씀을 바라나이다
115 너희 행악자들이여 나를 떠날지어다 나는 내 하나님의 계명들을 지키리로다
116 주의 말씀대로 나를 붙들어 살게 하시고 내 소망이 부끄럽지 않게 하소서
117 나를 붙드소서 그리하시면 내가 구원을 얻고 주의 율례들에 항상 주의하리이다
118 주의 율례들에서 떠나는 자는 주께서 다 멸시하셨으니 그들의 속임수는 허무함이니이다
119 주께서 세상의 모든 악인들을 찌꺼기 같이 버리시니 그러므로 내가 주의 증거들을 사랑하나이다
120 내 육체가 주를 두려워함으로 떨며 내가 또 주의 심판을 두려워하나이다
121 내가 정의와 공의를 행하였사오니 나를 박해하는 자들에게 나를 넘기지 마옵소서
122 주의 종을 보증하사 복을 얻게 하시고 교만한 자들이 나를 박해하지 못하게 하소서
123 내 눈이 주의 구원과 주의 의로운 말씀을 사모하기에 피곤하니이다
124 주의 인자하심대로 주의 종에게 행하사 내게 주의 율례들을 가르치소서
125 나는 주의 종이오니 나를 깨닫게 하사 주의 증거들을 알게 하소서

114

115

116

117

118

119

120

121

122

123

124

125

119편

126 그들이 주의 법을 폐하였사오니 지금은 여호와께서 일하실 때니이다
127 그러므로 내가 주의 계명들을 금 곧 순금보다 더 사랑하나이다
128 그러므로 내가 범사에 모든 주의 법도들을 바르게 여기고 모든 거짓 행위를 미워하나이다
129 주의 증거들은 놀라우므로 내 영혼이 이를 지키나이다
130 주의 말씀을 열면 빛이 비치어 우둔한 사람들을 깨닫게 하나이다
131 내가 주의 계명들을 사모하므로 내가 입을 열고 헐떡였나이다
132 주의 이름을 사랑하는 자들에게 베푸시던 대로 내게 돌이키사 내게 은혜를 베푸소서
133 나의 발걸음을 주의 말씀에 굳게 세우시고 어떤 죄악도 나를 주관하지 못하게 하소서
134 사람의 박해에서 나를 구원하소서 그리하시면 내가 주의 법도들을 지키리이다
135 주의 얼굴을 주의 종에게 비추시고 주의 율례로 나를 가르치소서
136 그들이 주의 법을 지키지 아니하므로 내 눈물이 시냇물 같이 흐르나이다
137 여호와여 주는 의로우시고 주의 판단은 옳으니이다
138 주께서 명령하신 증거들은 의롭고 지극히 성실하니이다
139 내 대적들이 주의 말씀을 잊어버렸으므로 내 열정이 나를 삼켰나이다
140 주의 말씀이 심히 순수하므로 주의 종이 이를 사랑하나이다
141 내가 미천하여 멸시를 당하나 주의 법도를 잊지 아니하였나이다

126

127

128

129

130

131

132

133

134

135

136

137

138

139

140

141

119편

142 주의 의는 영원한 의요 주의 율법은 진리로소이다
143 환난과 우환이 내게 미쳤으나 주의 계명은 나의 즐거움이니이다
144 주의 증거들은 영원히 의로우시니 나로 하여금 깨닫게 하사 살게 하소서
145 여호와여 내가 전심으로 부르짖었사오니 내게 응답하소서 내가 주의 교훈들을 지키리이다
146 내가 주께 부르짖었사오니 나를 구원하소서 내가 주의 증거들을 지키리이다
147 내가 날이 밝기 전에 부르짖으며 주의 말씀을 바랐사오며
148 주의 말씀을 조용히 읊조리려고 내가 새벽녘에 눈을 떴나이다
149 주의 인자하심을 따라 내 소리를 들으소서 여호와여 주의 규례들을 따라 나를 살리소서
150 악을 따르는 자들이 가까이 왔사오니 그들은 주의 법에서 머니이다
151 여호와여 주께서 가까이 계시오니 주의 모든 계명들은 진리니이다
152 내가 전부터 주의 증거들을 알고 있었으므로 주께서 영원히 세우신 것인 줄을 알았나이다
153 나의 고난을 보시고 나를 건지소서 내가 주의 율법을 잊지 아니함이니이다
154 주께서 나를 변호하시고 나를 구하사 주의 말씀대로 나를 살리소서
155 구원이 악인들에게서 멀어짐은 그들이 주의 율례들을 구하지 아니함이니이다

142

143

144

145

146

147

148

149

150

151

152

153

154

155

119편

156 여호와여 주의 긍휼이 많으오니 주의 규례들에 따라 나를 살리소서
157 나를 핍박하는 자들과 나의 대적들이 많으나 나는 주의 증거들에서
떠나지 아니하였나이다
158 주의 말씀을 지키지 아니하는 거짓된 자들을 내가 보고 슬퍼하였나
이다
159 내가 주의 법도들을 사랑함을 보옵소서 여호와여 주의 인자하심을
따라 나를 살리소서
160 주의 말씀의 강령은 진리이오니 주의 의로운 모든 규례들은 영원하
리이다
161 고관들이 거짓으로 나를 핍박하오나 나의 마음은 주의 말씀만 경외
하나이다
162 사람이 많은 탈취물을 얻은 것처럼 나는 주의 말씀을 즐거워하나이다
163 나는 거짓을 미워하며 싫어하고 주의 율법을 사랑하나이다
164 주의 의로운 규례들로 말미암아 내가 하루 일곱 번씩 주를 찬양하나
이다
165 주의 법을 사랑하는 자에게는 큰 평안이 있으니 그들에게 장애물이
없으리이다
166 여호와여 내가 주의 구원을 바라며 주의 계명들을 행하였나이다
167 내 영혼이 주의 증거들을 지켰사오며 내가 이를 지극히 사랑하나이다

156

157

158

159

160

161

162

163

164

165

166

167

5권 말씀과 찬양

시편 107-150편

119편

168 내가 주의 법도들과 증거들을 지켰사오니 나의 모든 행위가 주 앞에
있음이니이다
169 여호와여 나의 부르짖음이 주의 앞에 이르게 하시고 주의 말씀대로
나를 깨닫게 하소서
170 나의 간구가 주의 앞에 이르게 하시고 주의 말씀대로 나를 건지소서
171 주께서 율례를 내게 가르치시므로 내 입술이 주를 찬양하리이다
172 주의 모든 계명들이 의로우므로 내 혀가 주의 말씀을 노래하리이다
173 내가 주의 법도들을 택하였사오니 주의 손이 항상 나의 도움이 되게
하소서
174 여호와여 내가 주의 구원을 사모하였사오며 주의 율법을 즐거워하나
이다
175 내 영혼을 살게 하소서 그리하시면 주를 찬송하리이다 주의 규례들
이 나를 돕게 하소서
176 잃은 양 같이 내가 방황하오니 주의 종을 찾으소서 내가 주의 계명들
을 잊지 아니함이니이다

120편

성전에 올라가는 노래

1 내가 환난 중에 여호와께 부르짖었더니 내게 응답하셨도다
2 여호와여 거짓된 입술과 속이는 혀에서 내 생명을 건져 주소서
3 너 속이는 혀여 무엇을 네게 주며 무엇을 네게 더할꼬
4 장사의 날카로운 화살과 로뎀 나무 숯불이리로다

168

169

170

171

172

173

174

175

176

[120편] 성전에 올라가는 노래

1

2

3

4

120편

5 메섹에 머물며 게달의 장막 중에 머무는 것이 내게 화로다
6 내가 화평을 미워하는 자들과 함께 오래 거주하였도다
7 나는 화평을 원할지라도 내가 말할 때에 그들은 싸우려 하는도다

121편

성전에 올라가는 노래

1 내가 산을 향하여 눈을 들리라 나의 도움이 어디서 올까
2 나의 도움은 천지를 지으신 여호와에게서로다
3 여호와께서 너를 실족하지 아니하게 하시며 너를 지키시는 이가 졸지 아니하시리로다
4 이스라엘을 지키시는 이는 졸지도 아니하시고 주무시지도 아니하시리로다
5 여호와는 너를 지키시는 이시라 여호와께서 네 오른쪽에서 네 그늘이 되시나니
6 낮의 해가 너를 상하게 하지 아니하며 밤의 달도 너를 해치지 아니하리로다
7 여호와께서 너를 지켜 모든 환난을 면하게 하시며 또 네 영혼을 지키시리로다
8 여호와께서 너의 출입을 지금부터 영원까지 지키시리로다

122편

다윗의 시 곧 성전에 올라가는 노래

1 사람이 내게 말하기를 여호와의 집에 올라가자 할 때에 내가 기뻐하였도다
2 예루살렘아 우리 발이 네 성문 안에 섰도다
3 예루살렘아 너는 잘 짜여진 성읍과 같이 건설되었도다

5

6

7

[121편] 성전에 올라가는 노래

1

2

3

4

5

6

7

8

[122편] 다윗의 시 곧 성전에 올라가는 노래

1

2

3

122편

4 지파들 곧 여호와의 지파들이 여호와의 이름에 감사하려고 이스라엘
의 전례대로 그리로 올라가는도다
5 거기에 심판의 보좌를 두셨으니 곧 다윗의 집의 보좌로다
6 예루살렘을 위하여 평안을 구하라 예루살렘을 사랑하는 자는 형통
하리로다
7 네 성 안에는 평안이 있고 네 궁중에는 형통함이 있을지어다
8 내가 내 형제와 친구를 위하여 이제 말하리니 네 가운데에 평안이 있
을지어다
9 여호와 우리 하나님의 집을 위하여 내가 너를 위하여 복을 구하리로다

123편

성전에 올라가는 노래

1 하늘에 계시는 주여 내가 눈을 들어 주께 향하나이다
2 상전의 손을 바라보는 종들의 눈 같이, 여주인의 손을 바라보는 여종
의 눈 같이 우리의 눈이 여호와 우리 하나님을 바라보며 우리에게 은
혜 베풀어 주시기를 기다리나이다
3 여호와여 우리에게 은혜를 베푸시고 또 은혜를 베푸소서 심한 멸시
가 우리에게 넘치나이다
4 안일한 자의 조소와 교만한 자의 멸시가 우리 영혼에 넘치나이다

4

5
6

7

8

9

[123편] 성전에 올라가는 노래
1
2

3

4

124편

다윗의 시 곧 성전에 올라가는 노래

1 이스라엘은 이제 말하기를 여호와께서 우리 편에 계시지 아니하셨더라면 우리가 어떻게 하였으랴
2 사람들이 우리를 치러 일어날 때에 여호와께서 우리 편에 계시지 아니하셨더라면
3 그 때에 그들의 노여움이 우리에게 맹렬하여 우리를 산채로 삼켰을 것이며
4 그 때에 물이 우리를 휩쓸며 시내가 우리 영혼을 삼켰을 것이며
5 그 때에 넘치는 물이 우리 영혼을 삼켰을 것이라 할 것이로다
6 우리를 내주어 그들의 이에 씹히지 아니하게 하신 여호와를 찬송할지로다
7 우리의 영혼이 사냥꾼의 올무에서 벗어난 새 같이 되었나니 올무가 끊어지므로 우리가 벗어났도다
8 우리의 도움은 천지를 지으신 여호와의 이름에 있도다

125편

성전에 올라가는 노래

1 여호와를 의지하는 자는 시온 산이 흔들리지 아니하고 영원히 있음 같도다
2 산들이 예루살렘을 두름과 같이 여호와께서 그의 백성을 지금부터 영원까지 두르시리로다
3 악인의 규가 의인들의 땅에서는 그 권세를 누리지 못하리니 이는 의인들로 하여금 죄악에 손을 대지 아니하게 함이로다
4 여호와여 선한 자들과 마음이 정직한 자들에게 선대하소서

[124편] 다윗의 시 곧 성전에 올라가는 노래

1

2

3

4

5

6

7

8

[125편] 성전에 올라가는 노래

1

2

3

4

125편

5 자기의 굽은 길로 치우치는 자들은 여호와께서 죄를 범하는 자들과
함께 다니게 하시리로다 이스라엘에게는 평강이 있을지어다

126편

성전에 올라가는 노래

1 여호와께서 시온의 포로를 돌려 보내실 때에 우리는 꿈꾸는 것 같았
도다
2 그 때에 우리 입에는 웃음이 가득하고 우리 혀에는 찬양이 찼었도다
그 때에 뭇 나라 가운데에서 말하기를 여호와께서 그들을 위하여 큰
일을 행하셨다 하였도다
3 여호와께서 우리를 위하여 큰 일을 행하셨으니 우리는 기쁘도다
4 여호와여 우리의 포로를 남방 시내들 같이 돌려 보내소서
5 눈물을 흘리며 씨를 뿌리는 자는 기쁨으로 거두리로다
6 울며 씨를 뿌리러 나가는 자는 반드시 기쁨으로 그 곡식 단을 가지고
돌아오리로다

127편

솔로몬의 시 곧 성전에 올라가는 노래

1 여호와께서 집을 세우지 아니하시면 세우는 자의 수고가 헛되며 여
호와께서 성을 지키지 아니하시면 파수꾼의 깨어 있음이 헛되도다
2 너희가 일찍이 일어나고 늦게 누우며 수고의 떡을 먹음이 헛되도다
그러므로 여호와께서 그의 사랑하시는 자에게는 잠을 주시는도다
3 보라 자식들은 여호와의 기업이요 태의 열매는 그의 상급이로다

5

[126편] 성전에 올라가는 노래

1

2

3

4

5

6

[127편] 솔로몬의 시 곧 성전에 올라가는 노래

1

2

3

127편

4 젊은 자의 자식은 장사의 수중의 화살 같으니
5 이것이 그의 화살통에 가득한 자는 복되도다 그들이 성문에서 그들
의 원수와 담판할 때에 수치를 당하지 아니하리로다

128편

성전에 올라가는 노래

1 여호와를 경외하며 그의 길을 걷는 자마다 복이 있도다
2 네가 네 손이 수고한 대로 먹을 것이라 네가 복되고 형통하리로다
3 네 집 안방에 있는 네 아내는 결실한 포도나무 같으며 네 식탁에 둘
러 앉은 자식들은 어린 감람나무 같으리로다
4 여호와를 경외하는 자는 이같이 복을 얻으리로다
5 여호와께서 시온에서 네게 복을 주실지어다 너는 평생에 예루살렘의
번영을 보며
6 네 자식의 자식을 볼지어다 이스라엘에게 평강이 있을지로다

129편

성전에 올라가는 노래

1 이스라엘은 이제 말하기를 그들이 내가 어릴 때부터 여러 번 나를 괴
롭혔도다
2 그들이 내가 어릴 때부터 여러 번 나를 괴롭혔으나 나를 이기지 못하
였도다
3 밭 가는 자들이 내 등을 갈아 그 고랑을 길게 지었도다
4 여호와께서는 의로우사 악인들의 줄을 끊으셨도다
5 무릇 시온을 미워하는 자들은 수치를 당하여 물러갈지어다
6 그들은 지붕의 풀과 같을지어다 그것은 자라기 전에 마르는 것이라
7 이런 것은 베는 자의 손과 묶는 자의 품에 차지 아니하나니

4

5

[128편] 성전에 올라가는 노래

1

2

3

4

5

6

[129편] 성전에 올라가는 노래

1

2

3

4

5

6

7

129편

8 지나가는 자들도 여호와의 복이 너희에게 있을지어다 하거나 우리가
여호와의 이름으로 너희에게 축복한다 하지 아니하느니라

130편

성전에 올라가는 노래

1 여호와여 내가 깊은 곳에서 주께 부르짖었나이다
2 주여 내 소리를 들으시며 나의 부르짖는 소리에 귀를 기울이소서
3 여호와여 주께서 죄악을 지켜보실진대 주여 누가 서리이까
4 그러나 사유하심이 주께 있음은 주를 경외하게 하심이니이다
5 나 곧 내 영혼은 여호와를 기다리며 나는 주의 말씀을 바라는도다
6 파수꾼이 아침을 기다림보다 내 영혼이 주를 더 기다리나니 참으로
파수꾼이 아침을 기다림보다 더하도다
7 이스라엘아 여호와를 바랄지어다 여호와께서는 인자하심과 풍성한
속량이 있음이라
8 그가 이스라엘을 그의 모든 죄악에서 속량하시리로다

131편

다윗의 시 곧 성전에 올라가는 노래

1 여호와여 내 마음이 교만하지 아니하고 내 눈이 오만하지 아니하오
며 내가 큰 일과 감당하지 못할 놀라운 일을 하려고 힘쓰지 아니하나
이다
2 실로 내가 내 영혼으로 고요하고 평온하게 하기를 젖 뗀 아이가 그의
어머니 품에 있음 같게 하였나니 내 영혼이 젖 뗀 아이와 같도다
3 이스라엘아 지금부터 영원까지 여호와를 바랄지어다

8

[130편] 성전에 올라가는 노래

1

2

3

4

5

6

7

8

[131편] 다윗의 시 곧 성전에 올라가는 노래

1

2

3

132편

성전에 올라가는 노래

1 여호와여 다윗을 위하여 그의 모든 겸손을 기억하소서
2 그가 여호와께 맹세하며 야곱의 전능자에게 서원하기를
3 내가 내 장막 집에 들어가지 아니하며 내 침상에 오르지 아니하고
4 내 눈으로 잠들게 하지 아니하며 내 눈꺼풀로 졸게 하지 아니하기를
5 여호와의 처소 곧 야곱의 전능자의 성막을 발견하기까지 하리라 하였
나이다
6 우리가 그것이 에브라다에 있다 함을 들었더니 나무 밭에서 찾았도다
7 우리가 그의 계신 곳으로 들어가서 그의 발등상 앞에서 엎드려 예배
하리로다
8 여호와여 일어나사 주의 권능의 궤와 함께 평안한 곳으로 들어가소서
9 주의 제사장들은 의를 옷 입고 주의 성도들은 즐거이 외칠지어다
10 주의 종 다윗을 위하여 주의 기름 부음 받은 자의 얼굴을 외면하지
마옵소서
11 여호와께서 다윗에게 성실히 맹세하셨으니 변하지 아니하실지라 이
르시기를 네 몸의 소생을 네 왕위에 둘지라
12 네 자손이 내 언약과 그들에게 교훈하는 내 증거를 지킬진대 그들의
후손도 영원히 네 왕위에 앉으리라 하셨도다
13 여호와께서 시온을 택하시고 자기 거처를 삼고자 하여 이르시기를
14 이는 내가 영원히 쉴 곳이라 내가 여기 거주할 것은 이를 원하였음이
로다

[132편] 성전에 올라가는 노래

1

2

3

4

5

6

7

8

9

10

11

12

13

14

132편

15 내가 이 성의 식료품에 풍족히 복을 주고 떡으로 그 빈민을 만족하게 하리로다
16 내가 그 제사장들에게 구원을 옷 입히리니 그 성도들은 즐거이 외치리로다
17 내가 거기서 다윗에게 뿔이 나게 할 것이라 내가 내 기름 부음 받은 자를 위하여 등을 준비하였도다
18 내가 그의 원수에게는 수치를 옷 입히고 그에게는 왕관이 빛나게 하리라 하셨도다

133편

다윗의 시 곧 성전에 올라가는 노래

1 보라 형제가 연합하여 동거함이 어찌 그리 선하고 아름다운고
2 머리에 있는 보배로운 기름이 수염 곧 아론의 수염에 흘러서 그의 옷깃까지 내림 같고
3 헐몬의 이슬이 시온의 산들에 내림 같도다 거기서 여호와께서 복을 명령하셨나니 곧 영생이로다

134편

성전에 올라가는 노래

1 보라 밤에 여호와의 성전에 서 있는 여호와의 모든 종들아 여호와를 송축하라
2 성소를 향하여 너희 손을 들고 여호와를 송축하라
3 천지를 지으신 여호와께서 시온에서 네게 복을 주실지어다

15

16

17

18

[133편] 다윗의 시 곧 성전에 올라가는 노래

1

2

3

[134편] 성전에 올라가는 노래

1

2

3

135편

1 할렐루야 여호와의 이름을 찬송하라 여호와의 종들아 찬송하라
2 여호와의 집 우리 여호와의 성전 곧 우리 하나님의 성전 뜰에 서 있는
너희여
3 여호와를 찬송하라 여호와는 선하시며 그의 이름이 아름다우니 그
의 이름을 찬양하라
4 여호와께서 자기를 위하여 야곱 곧 이스라엘을 자기의 특별한 소유
로 택하셨음이로다
5 내가 알거니와 여호와께서는 위대하시며 우리 주는 모든 신들보다 위
대하시도다
6 여호와께서 그가 기뻐하시는 모든 일을 천지와 바다와 모든 깊은 데
서 다 행하셨도다
7 안개를 땅 끝에서 일으키시며 비를 위하여 번개를 만드시며 바람을
그 곳간에서 내시는도다
8 그가 애굽의 처음 난 자를 사람부터 짐승까지 치셨도다
9 애굽이여 여호와께서 네게 행한 표적들과 징조들을 바로와 그의 모
든 신하들에게 보내셨도다
10 그가 많은 나라를 치시고 강한 왕들을 죽이셨나니
11 곧 아모리인의 왕 시혼과 바산 왕 옥과 가나안의 모든 국왕이로다
12 그들의 땅을 기업으로 주시되 자기 백성 이스라엘에게 기업으로 주셨
도다

[135편]

1

2

3

4

5

6

7

8

9

10

11

12

135편

13 여호와여 주의 이름이 영원하시니이다 여호와여 주를 기념함이 대대
에 이르리이다
14 여호와께서 자기 백성을 판단하시며 그의 종들로 말미암아 위로를
받으시리로다
15 열국의 우상은 은금이요 사람의 손으로 만든 것이라
16 입이 있어도 말하지 못하며 눈이 있어도 보지 못하며
17 귀가 있어도 듣지 못하며 그들의 입에는 아무 호흡도 없나니
18 그것을 만든 자와 그것을 의지하는 자가 다 그것과 같으리로다
19 이스라엘 족속아 여호와를 송축하라 아론의 족속아 여호와를 송축
하라
20 레위 족속아 여호와를 송축하라 여호와를 경외하는 너희들아 여호
와를 송축하라
21 예루살렘에 계시는 여호와는 시온에서 찬송을 받으실지어다 할렐루야

136편

1 여호와께 감사하라 그는 선하시며 그 인자하심이 영원함이로다
2 신들 중에 뛰어난 하나님께 감사하라 그 인자하심이 영원함이로다
3 주들 중에 뛰어난 주께 감사하라 그 인자하심이 영원함이로다
4 홀로 큰 기이한 일들을 행하시는 이에게 감사하라 그 인자하심이 영
원함이로다
5 지혜로 하늘을 지으신 이에게 감사하라 그 인자하심이 영원함이로다

13

14

15

16

17

18

19

20

21

[136편]

1

2

3

4

5

136편

6 땅을 물 위에 펴신 이에게 감사하라 그 인자하심이 영원함이로다
7 큰 빛들을 지으신 이에게 감사하라 그 인자하심이 영원함이로다
8 해로 낮을 주관하게 하신 이에게 감사하라 그 인자하심이 영원함이로다
9 달과 별들로 밤을 주관하게 하신 이에게 감사하라 그 인자하심이 영원함이로다
10 애굽의 장자를 치신 이에게 감사하라 그 인자하심이 영원함이로다
11 이스라엘을 그들 중에서 인도하여 내신 이에게 감사하라 그 인자하심이 영원함이로다
12 강한 손과 펴신 팔로 인도하여 내신 이에게 감사하라 그 인자하심이 영원함이로다
13 홍해를 가르신 이에게 감사하라 그 인자하심이 영원함이로다
14 이스라엘을 그 가운데로 통과하게 하신 이에게 감사하라 그 인자하심이 영원함이로다
15 바로와 그의 군대를 홍해에 엎드러뜨리신 이에게 감사하라 그 인자하심이 영원함이로다
16 그의 백성을 인도하여 광야를 통과하게 하신 이에게 감사하라 그 인자하심이 영원함이로다
17 큰 왕들을 치신 이에게 감사하라 그 인자하심이 영원함이로다
18 유명한 왕들을 죽이신 이에게 감사하라 그 인자하심이 영원함이로다

6

7

8

9

10

11

12

13

14

15

16

17

18

136편

19 아모리인의 왕 시혼을 죽이신 이에게 감사하라 그 인자하심이 영원함
이로다
20 바산 왕 옥을 죽이신 이에게 감사하라 그 인자하심이 영원함이로다
21 그들의 땅을 기업으로 주신 이에게 감사하라 그 인자하심이 영원함
이로다
22 곧 그 종 이스라엘에게 기업으로 주신 이에게 감사하라 그 인자하심
이 영원함이로다
23 우리를 비천한 가운데에서도 기억해 주신 이에게 감사하라 그 인자하
심이 영원함이로다
24 우리를 우리의 대적에게서 건지신 이에게 감사하라 그 인자하심이 영
원함이로다
25 모든 육체에게 먹을 것을 주신 이에게 감사하라 그 인자하심이 영원
함이로다
26 하늘의 하나님께 감사하라 그 인자하심이 영원함이로다

137편

1 우리가 바벨론의 여러 강변 거기에 앉아서 시온을 기억하며 울었도다
2 그 중의 버드나무에 우리가 우리의 수금을 걸었나니
3 이는 우리를 사로잡은 자가 거기서 우리에게 노래를 청하며 우리를
황폐하게 한 자가 기쁨을 청하고 자기들을 위하여 시온의 노래 중 하
나를 노래하라 함이로다

19

20

21

22

23

24

25

26

[137편]

1

2

3

137편

4 우리가 이방 땅에서 어찌 여호와의 노래를 부를까
5 예루살렘아 내가 너를 잊을진대 내 오른손이 그의 재주를 잊을지로다
6 내가 예루살렘을 기억하지 아니하거나 내가 가장 즐거워하는 것보다
더 즐거워하지 아니할진대 내 혀가 내 입천장에 붙을지로다
7 여호와여 예루살렘이 멸망하던 날을 기억하시고 에돔 자손을 치소서
그들의 말이 헐어 버리라 헐어 버리라 그 기초까지 헐어 버리라 하였
나이다
8 멸망할 딸 바벨론아 네가 우리에게 행한 대로 네게 갚는 자가 복이
있으리로다
9 네 어린 것들을 바위에 메어치는 자는 복이 있으리로다

138편

다윗의 시

1 내가 전심으로 주께 감사하며 신들 앞에서 주께 찬송하리이다
2 내가 주의 성전을 향하여 예배하며 주의 인자하심과 성실하심으로
말미암아 주의 이름에 감사하오리니 이는 주께서 주의 말씀을 주의
모든 이름보다 높게 하셨음이라
3 내가 간구하는 날에 주께서 응답하시고 내 영혼에 힘을 주어 나를
강하게 하셨나이다
4 여호와여 세상의 모든 왕들이 주께 감사할 것은 그들이 주의 입의 말
씀을 들음이오며
5 그들이 여호와의 도를 노래할 것은 여호와의 영광이 크심이니이다

4

5

6

7

8

9

[138편] 다윗의 시

1

2

3

4

5

138편

6 여호와께서는 높이 계셔도 낮은 자를 굽어살피시며 멀리서도 교만한 자를 아심이니이다
7 내가 환난 중에 다닐지라도 주께서 나를 살아나게 하시고 주의 손을 펴사 내 원수들의 분노를 막으시며 주의 오른손이 나를 구원하시리이다
8 여호와께서 나를 위하여 보상해 주시리이다 여호와여 주의 인자하심이 영원하오니 주의 손으로 지으신 것을 버리지 마옵소서

139편

다윗의 시, 인도자를 따라 부르는 노래

1 여호와여 주께서 나를 살펴 보셨으므로 나를 아시나이다
2 주께서 내가 앉고 일어섬을 아시고 멀리서도 나의 생각을 밝히 아시오며
3 나의 모든 길과 내가 눕는 것을 살펴 보셨으므로 나의 모든 행위를 익히 아시오니
4 여호와여 내 혀의 말을 알지 못하시는 것이 하나도 없으시니이다
5 주께서 나의 앞뒤를 둘러싸시고 내게 안수하셨나이다
6 이 지식이 내게 너무 기이하니 높아서 내가 능히 미치지 못하나이다
7 내가 주의 영을 떠나 어디로 가며 주의 앞에서 어디로 피하리이까
8 내가 하늘에 올라갈지라도 거기 계시며 스올에 내 자리를 펼지라도 거기 계시니이다
9 내가 새벽 날개를 치며 바다 끝에 가서 거주할지라도

6

7

8

[139편] 다윗의 시, 인도자를 따라 부르는 노래

1

2

3

4

5

6

7

8

9

139편

10 거기서도 주의 손이 나를 인도하시며 주의 오른손이 나를 붙드시리
이다
11 내가 혹시 말하기를 흑암이 반드시 나를 덮고 나를 두른 빛은 밤이
되리라 할지라도
12 주에게서는 흑암이 숨기지 못하며 밤이 낮과 같이 비추이나니 주에
게는 흑암과 빛이 같음이니이다
13 주께서 내 내장을 지으시며 나의 모태에서 나를 만드셨나이다
14 내가 주께 감사하옴은 나를 지으심이 심히 기묘하심이라 주께서 하시
는 일이 기이함을 내 영혼이 잘 아나이다
15 내가 은밀한 데서 지음을 받고 땅의 깊은 곳에서 기이하게 지음을 받
은 때에 나의 형체가 주의 앞에 숨겨지지 못하였나이다
16 내 형질이 이루어지기 전에 주의 눈이 보셨으며 나를 위하여 정한 날
이 하루도 되기 전에 주의 책에 다 기록이 되었나이다
17 하나님이여 주의 생각이 내게 어찌 그리 보배로우신지요 그 수가 어
찌 그리 많은지요
18 내가 세려고 할지라도 그 수가 모래보다 많도소이다 내가 깰 때에도
여전히 주와 함께 있나이다
19 하나님이여 주께서 반드시 악인을 죽이시리이다 피 흘리기를 즐기는
자들아 나를 떠날지어다
20 그들이 주를 대하여 악하게 말하며 주의 원수들이 주의 이름으로 헛
되이 맹세하나이다

10

11

12

13

14

15

16

17

18

19

20

139편

21 여호와여 내가 주를 미워하는 자들을 미워하지 아니하오며 주를 치
러 일어나는 자들을 미워하지 아니하나이까
22 내가 그들을 심히 미워하니 그들은 나의 원수들이니이다
23 하나님이여 나를 살피사 내 마음을 아시며 나를 시험하사 내 뜻을 아
옵소서
24 내게 무슨 악한 행위가 있나 보시고 나를 영원한 길로 인도하소서

140편

다윗의 시, 인도자를 따라 부르는 노래

1 여호와여 악인에게서 나를 건지시며 포악한 자에게서 나를 보전하
소서
2 그들이 마음속으로 악을 꾀하고 싸우기 위하여 매일 모이오며
3 뱀 같이 그 혀를 날카롭게 하니 그 입술 아래에는 독사의 독이 있나
이다(셀라)
4 여호와여 나를 지키사 악인의 손에 빠지지 않게 하시며 나를 보전하
사 포악한 자에게서 벗어나게 하소서 그들은 나의 걸음을 밀치려 하
나이다
5 교만한 자가 나를 해하려고 올무와 줄을 놓으며 길 곁에 그물을 치며
함정을 두었나이다(셀라)
6 내가 여호와께 말하기를 주는 나의 하나님이시니 여호와여 나의 간
구하는 소리에 귀를 기울이소서 하였나이다
7 내 구원의 능력이신 주 여호와여 전쟁의 날에 주께서 내 머리를 가려
주셨나이다

21

22

23

24

[140편] 다윗의 시, 인도자를 따라 부르는 노래

1

2

3

4

5

6

7

140편

8 여호와여 악인의 소원을 허락하지 마시며 그의 악한 꾀를 이루지 못
하게 하소서 그들이 스스로 높일까 하나이다(셀라)
9 나를 에워싸는 자들이 그들의 머리를 들 때에 그들의 입술의 재난이
그들을 덮게 하소서
10 뜨거운 숯불이 그들 위에 떨어지게 하시며 불 가운데와 깊은 웅덩이
에 그들로 하여금 빠져 다시 일어나지 못하게 하소서
11 악담하는 자는 세상에서 굳게 서지 못하며 포악한 자는 재앙이 따라
서 패망하게 하리이다
12 내가 알거니와 여호와는 고난 당하는 자를 변호해 주시며 궁핍한 자
에게 정의를 베푸시리이다
13 진실로 의인들이 주의 이름에 감사하며 정직한 자들이 주의 앞에서
살리이다

141편

다윗의 시

1 여호와여 내가 주를 불렀사오니 속히 내게 오시옵소서 내가 주께 부
르짖을 때에 내 음성에 귀를 기울이소서
2 나의 기도가 주의 앞에 분향함과 같이 되며 나의 손 드는 것이 저녁
제사 같이 되게 하소서
3 여호와여 내 입에 파수꾼을 세우시고 내 입술의 문을 지키소서
4 내 마음이 악한 일에 기울어 죄악을 행하는 자들과 함께 악을 행하지
말게 하시며 그들의 진수성찬을 먹지 말게 하소서

8

9

10

11

12

13

[141편] 다윗의 시

1

2

3

4

141편

5 의인이 나를 칠지라도 은혜로 여기며 책망할지라도 머리의 기름 같이
여겨서 내 머리가 이를 거절하지 아니할지라 그들의 재난 중에도 내
가 항상 기도하리로다
6 그들의 재판관들이 바위 곁에 내려 던져졌도다 내 말이 달므로 무리
가 들으리로다
7 사람이 밭 갈아 흙을 부스러뜨림 같이 우리의 해골이 스올 입구에 흩
어졌도다
8 주 여호와여 내 눈이 주께 향하며 내가 주께 피하오니 내 영혼을 빈
궁한 대로 버려 두지 마옵소서
9 나를 지키사 그들이 나를 잡으려고 놓은 올무와 악을 행하는 자들의
함정에서 벗어나게 하옵소서
10 악인은 자기 그물에 걸리게 하시고 나만은 온전히 면하게 하소서

142편

다윗이 굴에 있을 때에 지은 마스길 곧 기도

1 내가 소리 내어 여호와께 부르짖으며 소리 내어 여호와께 간구하는
도다
2 내가 내 원통함을 그의 앞에 토로하며 내 우환을 그의 앞에 진술하
는도다
3 내 영이 내 속에서 상할 때에도 주께서 내 길을 아셨나이다 내가 가
는 길에 그들이 나를 잡으려고 올무를 숨겼나이다
4 오른쪽을 살펴 보소서 나를 아는 이도 없고 나의 피난처도 없고 내
영혼을 돌보는 이도 없나이다

5

6

7

8

9

10

[142편] 다윗이 굴에 있을 때에 지은 마스길 곧 기도

1

2

3

4

142편

5 여호와여 내가 주께 부르짖어 말하기를 주는 나의 피난처시요 살아
있는 사람들의 땅에서 나의 분깃이시라 하였나이다
6 나의 부르짖음을 들으소서 나는 심히 비천하니이다 나를 핍박하는
자들에게서 나를 건지소서 그들은 나보다 강하니이다
7 내 영혼을 옥에서 이끌어 내사 주의 이름을 감사하게 하소서 주께서
나에게 갚아 주시리니 의인들이 나를 두르리이다

143편

다윗의 시

1 여호와여 내 기도를 들으시며 내 간구에 귀를 기울이시고 주의 진실
과 의로 내게 응답하소서
2 주의 종에게 심판을 행하지 마소서 주의 눈 앞에는 의로운 인생이 하
나도 없나이다
3 원수가 내 영혼을 핍박하며 내 생명을 땅에 엎어서 나로 죽은 지 오랜
자 같이 나를 암흑 속에 두었나이다
4 그러므로 내 심령이 속에서 상하며 내 마음이 내 속에서 참담하니이다
5 내가 옛날을 기억하고 주의 모든 행하신 것을 읊조리며 주의 손이 행
하는 일을 생각하고
6 주를 향하여 손을 펴고 내 영혼이 마른 땅 같이 주를 사모하나이다
(셀라)
7 여호와여 속히 내게 응답하소서 내 영이 피곤하니이다 주의 얼굴을
내게서 숨기지 마소서 내가 무덤에 내려가는 자 같을까 두려워하나
이다

5

6

7

[143편] 다윗의 시

1

2

3

4

5

6

7

143편

8 아침에 나로 하여금 주의 인자한 말씀을 듣게 하소서 내가 주를 의뢰
함이니이다 내가 다닐 길을 알게 하소서 내가 내 영혼을 주께 드림이
니이다
9 여호와여 나를 내 원수들에게서 건지소서 내가 주께 피하여 숨었나
이다
10 주는 나의 하나님이시니 나를 가르쳐 주의 뜻을 행하게 하소서 주의
영은 선하시니 나를 공평한 땅에 인도하소서
11 여호와여 주의 이름을 위하여 나를 살리시고 주의 의로 내 영혼을 환
난에서 끌어내소서
12 주의 인자하심으로 나의 원수들을 끊으시고 내 영혼을 괴롭게 하는
자를 다 멸하소서 나는 주의 종이니이다

144편

다윗의 시

1 나의 반석이신 여호와를 찬송하리로다 그가 내 손을 가르쳐 싸우게
하시며 손가락을 가르쳐 전쟁하게 하시는도다
2 여호와는 나의 사랑이시요 나의 요새이시요 나의 산성이시요 나를
건지시는 이시요 나의 방패이시니 내가 그에게 피하였고 그가 내 백
성을 내게 복종하게 하셨나이다
3 여호와여 사람이 무엇이기에 주께서 그를 알아 주시며 인생이 무엇이
기에 그를 생각하시나이까
4 사람은 헛것 같고 그의 날은 지나가는 그림자 같으니이다
5 여호와여 주의 하늘을 드리우고 강림하시며 산들에 접촉하사 연기를
내게 하소서

8

9

10

11

12

[144편] 다윗의 시

1

2

3

4

5

144편

6 번개를 번쩍이사 원수들을 흩으시며 주의 화살을 쏘아 그들을 무찌
르소서
7 위에서부터 주의 손을 펴사 나를 큰 물과 이방인의 손에서 구하여 건
지소서
8 그들의 입은 거짓을 말하며 그의 오른손은 거짓의 오른손이니이다
9 하나님이여 내가 주께 새 노래로 노래하며 열 줄 비파로 주를 찬양하
리이다
10 주는 왕들에게 구원을 베푸시는 자시요 그의 종 다윗을 그 해하려는
칼에서 구하시는 자시니이다
11 이방인의 손에서 나를 구하여 건지소서 그들의 입은 거짓을 말하며
그 오른손은 거짓의 오른손이니이다
12 우리 아들들은 어리다가 장성한 나무들과 같으며 우리 딸들은 궁전
의 양식대로 아름답게 다듬은 모퉁잇돌들과 같으며
13 우리의 곳간에는 백곡이 가득하며 우리의 양은 들에서 천천과 만만
으로 번성하며
14 우리 수소는 무겁게 실었으며 또 우리를 침노하는 일이나 우리가 나
아가 막는 일이 없으며 우리 거리에는 슬피 부르짖음이 없을진대
15 이러한 백성은 복이 있나니 여호와를 자기 하나님으로 삼는 백성은
복이 있도다

6

7

8

9

10

11

12

13

14

15

145편

다윗의 찬송시

1 왕이신 나의 하나님이여 내가 주를 높이고 영원히 주의 이름을 송축
하리이다
2 내가 날마다 주를 송축하며 영원히 주의 이름을 송축하리이다
3 여호와는 위대하시니 크게 찬양할 것이라 그의 위대하심을 측량하지
못하리로다
4 대대로 주께서 행하시는 일을 크게 찬양하며 주의 능한 일을 선포하
리로다
5 주의 존귀하고 영광스러운 위엄과 주의 기이한 일들을 나는 작은 소
리로 읊조리리이다
6 사람들은 주의 두려운 일의 권능을 말할 것이요 나도 주의 위대하심
을 선포하리이다
7 그들이 주의 크신 은혜를 기념하여 말하며 주의 의를 노래하리이다
8 여호와는 은혜로우시며 긍휼이 많으시며 노하기를 더디 하시며 인자
하심이 크시도다
9 여호와께서는 모든 것을 선대하시며 그 지으신 모든 것에 긍휼을 베
푸시는도다
10 여호와여 주께서 지으신 모든 것들이 주께 감사하며 주의 성도들이
주를 송축하리이다
11 그들이 주의 나라의 영광을 말하며 주의 업적을 일러서
12 주의 업적과 주의 나라의 위엄 있는 영광을 인생들에게 알게 하리
이다

[145편] 다윗의 찬송시

1

2

3

4

5

6

7

8

9

10

11

12

145편

13 주의 나라는 영원한 나라이니 주의 통치는 대대에 이르리이다
14 여호와께서는 모든 넘어지는 자들을 붙드시며 비굴한 자들을 일으키
시는도다
15 모든 사람의 눈이 주를 앙망하오니 주는 때를 따라 그들에게 먹을 것
을 주시며
16 손을 펴사 모든 생물의 소원을 만족하게 하시나이다
17 여호와께서는 그 모든 행위에 의로우시며 그 모든 일에 은혜로우시
도다
18 여호와께서는 자기에게 간구하는 모든 자 곧 진실하게 간구하는 모
든 자에게 가까이 하시는도다
19 그는 자기를 경외하는 자들의 소원을 이루시며 또 그들의 부르짖음
을 들으사 구원하시리로다
20 여호와께서 자기를 사랑하는 자들은 다 보호하시고 악인들은 다 멸
하시리로다
21 내 입이 여호와의 영예를 말하며 모든 육체가 그의 거룩하신 이름을
영원히 송축할지로다

146편

1 할렐루야 내 영혼아 여호와를 찬양하라
2 나의 생전에 여호와를 찬양하며 나의 평생에 내 하나님을 찬송하리
로다
3 귀인들을 의지하지 말며 도울 힘이 없는 인생도 의지하지 말지니

13

14

15

16

17

18

19

20

21

[146편]

1

2

3

146편

4 그의 호흡이 끊어지면 흙으로 돌아가서 그 날에 그의 생각이 소멸하리로다

5 야곱의 하나님을 자기의 도움으로 삼으며 여호와 자기 하나님에게 자기의 소망을 두는 자는 복이 있도다

6 여호와는 천지와 바다와 그 중의 만물을 지으시며 영원히 진실함을 지키시며

7 억눌린 사람들을 위해 정의로 심판하시며 주린 자들에게 먹을 것을 주시는 이시로다 여호와께서는 갇힌 자들에게 자유를 주시는도다

8 여호와께서 맹인들의 눈을 여시며 여호와께서 비굴한 자들을 일으키시며 여호와께서 의인들을 사랑하시며

9 여호와께서 나그네들을 보호하시며 고아와 과부를 붙드시고 악인들의 길은 굽게 하시는도다

10 시온아 여호와는 영원히 다스리시고 네 하나님은 대대로 통치하시리로다 할렐루야

147편

1 할렐루야 우리 하나님을 찬양하는 일이 선함이여 찬송하는 일이 아름답고 마땅하도다

2 여호와께서 예루살렘을 세우시며 이스라엘의 흩어진 자들을 모으시며

3 상심한 자들을 고치시며 그들의 상처를 싸매시는도다

4 그가 별들의 수효를 세시고 그것들을 다 이름대로 부르시는도다

4

5

6

7

8

9

10

[147편]

1

2

3

4

147편

5 우리 주는 위대하시며 능력이 많으시며 그의 지혜가 무궁하시도다
6 여호와께서 겸손한 자들은 붙드시고 악인들은 땅에 엎드러뜨리시는
도다
7 감사함으로 여호와께 노래하며 수금으로 하나님께 찬양할지어다
8 그가 구름으로 하늘을 덮으시며 땅을 위하여 비를 준비하시며 산에
풀이 자라게 하시며
9 들짐승과 우는 까마귀 새끼에게 먹을 것을 주시는도다
10 여호와는 말의 힘이 세다 하여 기뻐하지 아니하시며 사람의 다리가
억세다 하여 기뻐하지 아니하시고
11 여호와는 자기를 경외하는 자들과 그의 인자하심을 바라는 자들을
기뻐하시는도다
12 예루살렘아 여호와를 찬송할지어다 시온아 네 하나님을 찬양할지
어다
13 그가 네 문빗장을 견고히 하시고 네 가운데에 있는 너의 자녀들에게
복을 주셨으며
14 네 경내를 평안하게 하시고 아름다운 밀로 너를 배불리시며
15 그의 명령을 땅에 보내시니 그의 말씀이 속히 달리는도다
16 눈을 양털 같이 내리시며 서리를 재 같이 흩으시며
17 우박을 떡 부스러기 같이 뿌리시나니 누가 능히 그의 추위를 감당하
리요
18 그의 말씀을 보내사 그것들을 녹이시고 바람을 불게 하신즉 물이 흐
르는도다

5

6

7

8

9

10

11

12

13

14

15

16

17

18

147편

19 그가 그의 말씀을 야곱에게 보이시며 그의 율례와 규례를 이스라엘
에게 보이시는도다
20 그는 어느 민족에게도 이와 같이 행하지 아니하셨나니 그들은 그의
법도를 알지 못하였도다 할렐루야

148편

1 할렐루야 하늘에서 여호와를 찬양하며 높은 데서 그를 찬양할지어다
2 그의 모든 천사여 찬양하며 모든 군대여 그를 찬양할지어다
3 해와 달아 그를 찬양하며 밝은 별들아 다 그를 찬양할지어다
4 하늘의 하늘도 그를 찬양하며 하늘 위에 있는 물들도 그를 찬양할지
어다
5 그것들이 여호와의 이름을 찬양함은 그가 명령하시므로 지음을 받
았음이로다
6 그가 또 그것들을 영원히 세우시고 폐하지 못할 명령을 정하셨도다
7 너희 용들과 바다여 땅에서 여호와를 찬양하라
8 불과 우박과 눈과 안개와 그의 말씀을 따르는 광풍이며
9 산들과 모든 작은 산과 과수와 모든 백향목이며
10 짐승과 모든 가축과 기는 것과 나는 새며
11 세상의 왕들과 모든 백성들과 고관들과 땅의 모든 재판관들이며
12 총각과 처녀와 노인과 아이들아
13 여호와의 이름을 찬양할지어다 그의 이름이 홀로 높으시며 그의 영
광이 땅과 하늘 위에 뛰어나심이로다

19

20

[148편]

1

2

3

4

5

6

7

8

9

10

11

12

13

148편

14 그가 그의 백성의 뿔을 높이셨으니 그는 모든 성도 곧 그를 가까이 하는 백성 이스라엘 자손의 찬양 받을 이시로다 할렐루야

149편

1 할렐루야 새 노래로 여호와께 노래하며 성도의 모임 가운데에서 찬양할지어다
2 이스라엘은 자기를 지으신 이로 말미암아 즐거워하며 시온의 주민은 그들의 왕으로 말미암아 즐거워할지어다
3 춤 추며 그의 이름을 찬양하며 소고와 수금으로 그를 찬양할지어다
4 여호와께서는 자기 백성을 기뻐하시며 겸손한 자를 구원으로 아름답게 하심이로다
5 성도들은 영광 중에 즐거워하며 그들의 침상에서 기쁨으로 노래할지어다
6 그들의 입에는 하나님에 대한 찬양이 있고 그들의 손에는 두 날 가진 칼이 있도다
7 이것으로 뭇 나라에 보수하며 민족들을 벌하며
8 그들의 왕들은 사슬로, 그들의 귀인은 철고랑으로 결박하고
9 기록한 판결대로 그들에게 시행할지로다 이런 영광은 그의 모든 성도에게 있도다 할렐루야

14

[149편]

1

2

3

4

5

6

7

8

9

150편

1 할렐루야 그의 성소에서 하나님을 찬양하며 그의 권능의 궁창에서
그를 찬양할지어다
2 그의 능하신 행동을 찬양하며 그의 지극히 위대하심을 따라 찬양할
지어다
3 나팔 소리로 찬양하며 비파와 수금으로 찬양할지어다
4 소고 치며 춤 추어 찬양하며 현악과 퉁소로 찬양할지어다
5 큰 소리 나는 제금으로 찬양하며 높은 소리 나는 제금으로 찬양할지
어다
6 호흡이 있는 자마다 여호와를 찬양할지어다 할렐루야

[150편]

1

2

3

4

5

6

묵상 · 기도

손끝에서 피어나는
찬양과 고백

시편 따라쓰기 2

Hand Copying Scriptures

2019년 8월 10일 · 제1판 1쇄 발행

펴낸이 | 이요섭
펴낸데 | 요단출판사
07238 서울특별시 영등포구 국회대로 76길 10
기 획 | (02)2643-9155
영 업 | (02)2643-7290~1 Fax (02)2643-1877
등 록 | 1973. 8. 23. 제13-10호

기 획 | 출판팀
편 집 | 강성모
디자인 | 디자인이츠
제 작 | 박태훈
영 업 | 김승훈 김창윤 이대성 정준용
이영은 김경혜 최우창 백지숙
인터넷서점 | 유세근
요단인터넷서점 www.jordanbook.com

값 12,000원
ISBN 978-89-350-1786-7 03230

시편따라쓰기 1,2권을 합본 구매시 20,000원에 판매합니다.

십계명

The Ten Commandments

하나님이 이 모든 말씀으로 말씀하여 이르시되
나는 너를 애굽 땅, 종 되었던 집에서 인도하여 낸 네 하나님 여호와니라

제일은, **너는 나 외에는 다른 신들을 네게 두지 말라**

제이는, **너를 위하여 새긴 우상을 만들지 말고 또 위로 하늘에 있는 것이나 아래로 땅에 있는 것이나 땅 아래 물 속에 있는 것의 어떤 형상도 만들지 말며 그것들에게 절하지 말며 그것들을 섬기지 말라**
나 네 하나님 여호와는 질투하는 하나님인즉 나를 미워하는 자의 죄를 갚되 아버지로부터 아들에게로 삼사 대까지 이르게 하거니와 나를 사랑하고 내 계명을 지키는 자에게는 천 대까지 은혜를 베푸느니라

제삼은, **너는 네 하나님 여호와의 이름을 망령되게 부르지 말라**
여호와는 그의 이름을 망령되게 부르는 자를 죄 없다 하지 아니하리라

제사는, **안식일을 기억하여 거룩하게 지키라**
엿새 동안은 힘써 네 모든 일을 행할 것이나 일곱째 날은 네 하나님 여호와의 안식일인즉 너나 네 아들이나 네 딸이나 네 남종이나 네 여종이나 네 가축이나 네 문안에 머무는 객이라도 아무 일도 하지 말라 이는 엿새 동안에 나 여호와가 하늘과 땅과 바다와 그 가운데 모든 것을 만들고 일곱째 날에 쉬었음이라 그러므로 나 여호와가 안식일을 복되게 하여 그 날을 거룩하게 하였느니라